나는 당신의 '에제르'입니다

사랑을 회복시키는 아름다운 지혜

나는 당신의
'에제르'입니다

초판 1쇄 발행 2023년 2월 01일

지 은 이 | 최연선
펴 낸 이 | 황성연
펴 낸 곳 | 글샘 출판사
디 자 인 | 황인애, 박상진
등록번호 | 제 8-0856호
주 문 처 | 하늘물류센타
주　　소 | 경기도 파주시 광탄면 혜음로 883번길 39-32
연 락 처 | (031)-947-7777 | **팩스** (0505)-365-0691

ISBN 978-89-91358-64-5 03230

책 값은 뒤표지에 있습니다

사랑을 회복시키는 아름다운 지혜

나는 당신의 '에제르'입니다

추천사.1

현대의 키워드는 아쉽게도 '위기'이다. 그만큼 위기가 일상화되었다는 의미이다. 위기는 관련된 모든 사람에게 긴장을 초래한다. 그중에 가장 안타까운 영역이 가정이라는 생각이 든다. 생각해 보면 위기와 가장 어울리지 않는 장소가 가정이다. 가정은 언제나 'home sweet home'이 맞다. 가정을 올바로 세우는 원동력은 부부가 자신의 역할을 제대로 하는 것이다. 부부관계에서 제대로의 의미는 절대적 기준이 존재하지 않는다. 그래서 어렵다. 문화사역 에제르(Ezer)의 사역자인 최연선 님은 이론이 아닌 고통의 시간을 견디며 체득한 경험을 잔잔하게 풀어내고 있다. 뻔하거나 지루하지 않다. 우리가 알지만 잊고 사는 원리들을 무심하게 툭 던지듯 풀어내는 그의 글쓰기가 저자의 마음을 느끼게 한다.

이 책의 공동 저자인 남편의 삽화는 이 글을 더욱 맛깔나게 한다. 위기의 두 주인공이 힘을 합쳐 조화로움으로 본서를 완성했다. 이는 한 편의 일방적인 얘기가 아닌 두 사람이 함께 이루어야 하는 것이 가정이라는 또 다른 메시지이기도 하다. 자랑스러운 제자를 둔 스승의 뿌듯함을 느낀다. 부부가 함께 읽는 가정문제 해결서로 일독을 권한다.

「시편이 필요한 시간」 저자
백석신학대학원 교수 **나상오**

추천사.2

창조주 하나님은 인간을 창조하실 때 '우리가', '우리의' 형상을 따라 사람을 만들자고 하실 만큼 매우 관계적이십니다. 그 하나님의 피조물인 인간 역시 관계적 존재입니다. 하지만 우리 사회는 디지털 혁명 속에서 그 관계를 점점 잃어가고 있습니다. 분명 소통은 더 빨라지고 간편해졌지만, 인격적인 사귐은 점점 자리를 감추고 있는 이 시대, 매우 필요한 책이 너무 쉽고 재미있게 출간되어 기쁩니다. '에제르'는 하나님의 속성을 잘 표현해주는 단어이기도 합니다. '도움의 돌'이라는 뜻인 '에벤에셀'에서 '에셀'이라는 단어가 '에제르'입니다.

그 외에도 '도움'이라는 뜻의 '에제르'를 성경 곳곳에서 찾아볼 수 있습니다. 심지어 '보혜사' 성령 하나님을 지칭하는 단어 역시 '에제르'에 해당하는 표현이라 할 수 있습니다. 이와 같이 하나님의 도우심 없이 살 수 없는 인간에게 없어서는 안 될 소중한 것들이 이 책에 가득히 담겨 있습니다. 이 책으로 부부학교 또는 예비부부학교를 해도 좋겠습니다. 결혼에 대한 두려움과 포기가 가득한 청년들에게도 적극 권하고 싶습니다. 또한 부부를 넘어 관계와 사귐의 능력을 회복하길 원하는 모든 사람에게도 이 책은 서로가 관계하는 일에 많은 이해와 깊은 감동을 선사할 것입니다. 끝으로 하나님의 도우심으로 '에제르'한 사람이 되는 회복의 은혜를 누리고 회복의 통로가 되길 원하는 모든 사람들을 이 책으로 초청합니다.

> **"하나님은 우리의 피난처시요 힘이시니 환난 중에 만날 큰 도움이시라"** (시 46:1)

백석신학대학원 신학대학원장
한국중앙교회 담임목사 **임석순**

하나님이 창조하신 여성으로서의 정체성과 성장이라는 주제를 쉽고 구체적으로 풀어내는 책이 출간된 것을 매우 기쁘게 생각합니다.

하나님께서 여성을 "에제르"라고 부르심으로, 여성은 '하나님처럼 돕는 자'로 창조되었으며 그 하나님의 영광을 닮아가고, 그 영광만큼 성장할 수 있는 존재로 천명되었습니다.

그래서 여성에게는 에제르로서 살아가고 성장할 수 있도록 하나님이 주신 기질과 능력이 있습니다. 그리스도인 여성들이 이 책을 통해서 그와 같은 정체성과 사명, 기질과 능력을 발견하고, 진정한 성장과 자아실현을 이루는 길을 발견할 수 있기를 기대합니다.

여성이 하나님처럼 돕는 에제르로 부름 받았으며 그 부르심에 합당하게 살아가며 성장하고자 할 때, 가정, 육아, 일, 봉사 등 모든 영역에 대하여 건강한 우선순위를 세우며 살아갈 수 있을 것입니다.

에제르라는 고귀한 신분과 사명의 빛 아래에서, 하나님과의 관계, 자기 자신과의 관계, 그리고 사랑하는 가족 및 삶의 모든 것과의 관계가 회복되고 성장하는 데 있어서 이 책이 유용하게 쓰이기를 기대합니다.

이 책의 매우 큰 장점은 성경적으로 정확한 주제와 방향성뿐만 아니라, 각 장이 짧고, 따뜻한 언어와 그림으로 채워져 있다는 사실입니다. 대부분 바쁜 일상을 살아가는 여성들이 손을 뻗어 책을 펼치는데 큰 부담이 없습니다. 각 장이 쉽게 표현되었지만 결코 가볍지 않은 주제를 다루고 있는 만큼, 마치 묵상집을 읽는 것처럼 한 페이지 한 페이지, 한 단락 한 단락을 충분히 음미하며 삼키고 완전히 소화하도록 도움을 주기 위함이라고 생각합니다.

그러므로 독자들에게는 이 책을 쉽게, 그러나 천천히 생각하며 읽을 것을 권합니다. 하나님이 뜻과 복이 담긴 에제르답게 자아실현을 이루어가는 여성 그리스도인들에게 이 책이 좋은 친구가 되기를 기대합니다. 더 나아가 남성 그리스도인들 역시 이 책을 통해 에제르로서의 여성을 더 잘 이해하고 축복하며, 우리 모두 함께 미래의 영광에 이르기까지 성장하도록 인도하시는 하나님의 마음을 배우게 되기를 바랍니다.

「복음, 그리스도 안으로」 저자
안산동산교회 담임목사 **김성겸**

목차

1. '에제르'를 알게 되다

2. 셀프 테스트

3. 사랑할 준비가 되었나요?

4. 성숙한 내가 되는 길

5. Do it now!

6. '에제르'로서의 지혜

Prologue

에제르로서 지음바 된
우리 아내들을
남편이 가지고 있지
않은 것을 채우고
부족한 부분을 보완하며
공급할 수 있는
능력을 받고 이 땅에
보내졌습니다.

어쩌 보면 우리 아내들의
첫 번째 사명이
이것이 아닐는지요.
우리가 기도하며 주님께
지혜를 구하고
예수님의 성품을 떠올리며
닮아가길 소망하며
더욱 현숙한 아내가 되어갈 때,
나를 비롯해 우리 부부와 우리 가정과
우리 교회와 우리 마을과 우리나라는
더욱 아름다워질 것입니다.
그렇게 삶에서 예수그리스도의 사랑을 실천하는
아내들이 되시길 축복하며 함께 기도합니다.

p.s : 아시겠습니까?
우친 하나님 나라의 특수요원
Special agent , Ezer입니다.

From : 당신을 사랑하는 동역자 허연선

Ezer.

성경에서 '돕는 자' 히브리어로 '에제르'는
'도움을 받는 대상'이 갖고 있지 않거나
부족한 영역에 꼭 필요한 것을 공급해 주는 존재

여호와 하나님이 이르시되
사람이 혼자 사는 것이 좋지 아니하니
내가 그를 위하여 돕는 배필을 지으리라 하시니라

1

'에제르'를 알게 되다

Ezer
Helper of God.

'에제르'를 알게 되다

아담(남자)을 창조하시고 하와(여자)를 창조하신 대목이 나오는 창세기 2장 18절 말씀을 보면 하나님께서 (여자)아내들을 '돕는 배필'로 지으셨다는 말씀이 나옵니다. 개역개정 성경의 '돕는 배필'과 쉬운 성경의 '도울 짝'이란 단어를 보면 '돕는다'라는 의미가 왠지 supporter나 helper 등의 보조적 의미로 느껴지기도 합니다.

하지만 히브리어 원어로 '돕는 배필' 즉 'Ezer'의 뜻은 '도움을 받는 대상'이 갖고 있지 않거나 부족한 영역에 꼭 필요한 것을 공급해 주는 존재라는 뜻입니다. 이 '에제르'라는 단어는 하나님께서 이스라엘 백성 즉 하나님의 자녀들을 도우신다는 뜻으로 성경의 여러 구절에도 쓰여졌습니다.

즉 아내들은 남편의 갖고 있지 않거나 부족한 영역에 꼭 필요한 것을 줄 수 있는 유일한 존재로 창조된 것입니다. 이 사실은 우리에게 여러 가지 숨겨진 비밀을 알려줍니다.

먼저 부부가 하나가 될 때 더욱 완전해질 수 있다는 것입니다. 우리 인간은 완전할 수도 완벽할 수도 없습니다. 누구에게나 부족한 부분이 있다는 것입니다.

남편에게 없거나 부족한 부분을 잘 채우며 부부가 서로 하나 되어 함께 한다면 어떤 일이라도 잘해 나갈 수 있다는 것입니다. 이 창조의 숨겨진 아름다운 비밀을 알게 될 때 깨닫게 되는 부분이 있습니다. 바로 남편이 갖고 있지 않거나 부족한 부분을 유일하게 메울 수 있는 능력, 에제르의 능력을 갖고 이 세상에 보내진 난 그 능력을 어떻게 발휘했냐는 것입니다.

나는 할 수 있는 일을 못하는 남편을 보며 불평하고 못마땅해하거나 투덜대지는 않았는지, 완벽하지 않은 모습에 실망하지는 않았는지, 그리고 '당신 나 아니면 어쩔 거야!'라며 생색내고 자기의 존재를 드러내며 과시하지는 않았는지, 아니면 나만이 할 수 있기에 조용하고 겸손하게 돕고 섬겼는지, 이 또한 되돌아보게 됩니다.

하루하루 서로의 자리에서 애쓰며 힘들게 하루를 보내고 집에서 모인 가족들의 모습이 어떤가요? 부부는 서로 마주하며 미소 짓게 되나요? 아이들의 요구와 필요를 위해 함께 의논하는 부모인가요? 서로의 부모님이 나의 부모님으로 여겨지나요? 늘 함께하고 싶은가요? 아니면 파트너십으로 하루를 살아가고만 있나요?

우리 아내들의 작은 노력이 우리의 가정과 교회와 대한민국을 넘어 땅 끝까지 이르러 하나님나라를 아름답게 세워가게 될 것입니다.

나는 할 수 있는 일을 못하는 남편을 보며 불평하고 못마땅해하거나 투덜대지는 않았는지, 완벽하지 않은 모습에 실망하지는 않았는지 그리고 나만이 할 수 있기에 조용히 겸손히 돕고 섬겼는지 '당신 나 아니면 어쩔 거야!'라며 생색내고 자기의 존재를 드러내며 과시하지는 않았는지 이 또한 되돌아보게 됩니다.

_본문 중

다름이 축복입니다

앞서 에제르의 원어 뜻을 다시 한번 보겠습니다. '도움을 받는 대상이 갖고 있지 않거나 부족한 영역에 꼭 필요한 것을 공급해 주는 존재' 즉 누구나 부족하거나 갖고 있지 못한 부분이 있다는 말일 것입니다. 그리스도인들이라면 특히 알고 있는 사실입니다. 우리 주 예수그리스도 외에 완전한 이는 있을 수 없기 때문입니다. 그리고 인간을 창조하신 하나님의 방법을 통해서도 우리는 알게 됩니다. 남자의 갈비뼈 하나를 취해서 여자를 만드셨다 하셨습니다. 이 사실이 왜 성경에 있을까요? 별 뜻 없이 성경을 읽으며 지나갔을 수도 있고 왜일까? 생각하며 하나님의 뜻을 궁금해했을 수도 있습니다.

깊게 들어가진 않는다 해도 우린 이 사실을 알 수 있습니다. 바로 우린 하나에서 창조되었다는 것입니다. 그렇게 하나님의 큰 뜻 안에서 창조되었고 그렇게 세상에 보내진 후 다시 만나 하나가 되기 위해 결혼을 하지만 쉽지만은 않음을 곧 깨닫게 됩니다.

서로 수십 년의 세월 동안 자라온 환경도, 신념도, 양육방식도 교육방식도 다르게 자랐고 자기의 라이프 스타일과 사고가 이미 정립이 된 후 만나 함께 생활하다 보니 서로의 다름을 금세 발견하게 됩니다. 다름의 폭이 큰 만큼 다툼도 잦아지는 듯합니다. 시간이 지날수록 다름의 거리가 좁혀지길 기대하지만 서로의 방식과 판단이 옳다는 생각이 더욱 강해지고 자기의 생각에 반기를 드는 상대는 때론 내가 싸워 이겨야 할 상대편이 되기도 합니다. 그렇게 어느새 나의 결혼생활이 소란스럽게 느껴지고 힘에 부치면 포기하고자 하는 마음의 유혹을 받습니다. 그 포기는 별거와 이혼으로 가기도 하고 한 공간에 있을 뿐 마음은 멀어진 채로 의무만을 이행하는 파트너의 관계가 되기도 합니다. 남의 일이라 생각할지도 모르겠습니다. 자신은 별문제 없이 그럭저럭 살만하다 생각할 수도 있습니다. 그렇다면 당신의 배우자는 행복할까요? 혹시 배우자의 이해와 인내로 지금까지 올 수 있었던 것은 아닐까요?

이런 선택을 하게 되는 가장 큰 이유는 바로 '다름' 때문일 것입니다. 왜냐하면 다르기 때문에 힘이 들기 때문입니다. 그런데 에제르의 뜻을 통해 알게 되는 것이 있는데 다름은 하나님의 축복이라는 것입니다. 하나님의 크신 뜻이라는 것입니다. 서로를 통해 보완될 때 더욱 온전해지고 완전해 질 수 있기에 우리의 다름은 서로를 하나 되게 하는 이유가 될 수 있다는 것입니다. 아이러니합니다. 다름으로 힘든데 오히려 다름으로 하나 될 수 있다는 사실이 말입니다. 그러나 우리 그리스도인에게는 후자가 비전이 되어야 합니다. 왜냐하면 하나님께서 그렇게 창조하신 목적은 우리를 하나 되어 함께 하길 원하셔서지 다름으로 힘들게 하시고자 뜻하신 것이 아니기 때문입니다. 즉 다르기에 힘든 것은 맞지만 다름을 서로 보완하려 애쓸 때 함께 많은 것을 이루어 내며 기쁨을 공유할 수 있다는 것입니다.

달라서 상처 받는 것이 아닙니다

자 그럼 다름에 대해 좀 더 생각해 보겠습니다.

'다름' 즉 다르다는 것은 서로 다른 면을 가지고 있다는 뜻일 것입니다. 그러므로 서로의 다름은 나의 부족한 부분일 수도 있는 것입니다.

다음의 두 말을 비교해 보시기 바랍니다.

"아 저 사람의 저 부분은 나랑 너무나 달라서 힘들어!"
"아 저 사람의 저 부분이 내겐 없는데 내게 큰 도움이 되겠어!"

서로의 다름을 다른 시각으로 본 것입니다.

이렇게 반문하실 수도 있습니다.

"달라서 힘든 것 맞는데요? 서로 상처를 주니까요!"

자, 냉철히 바라보겠습니다. 서로 다름이 힘들기보다는 다른 점을 상대에게 이해시키고 관철시키는 태도 때문에 힘든 것입니다.

나와 다른 상대를 존중하지 않습니다.

나와 다른 상대를 이해시키는 방법이 지혜롭지 못합니다.

반대로 자기와 다른 나를 대하는 상대방의 태도에서 존중이 느껴지지 않습니다.

자기와 다른 나를 이해시키는 상대의 모습에 상처를 받습니다.

이 말이 이해가 되신다면 당신은 복 있습니다. 왜냐하면 이제 당신은 변화될 수 있기 때문입니다. 더욱 성숙한 당신이 될 마음의 준비가 된 것입니다.

그렇다면 왜 우린 다름으로 힘들기만 할까요? 왜 우린 다른 상대를 이해시키고 설득시키기 위해 서로의 분노를 유발하고 다른 편으로 느껴지게끔 하는 것일까요?

그 이유는 우리가 성숙하지 못하기 때문입니다.

'성숙'의 사전적 의미는 '몸과 마음이 자라서 어른스럽게 됨', '경험이나 습관을 쌓아 익숙해짐'입니다. 즉 자라 가며 겸험을 통해 어른스러워진다는 것입니다. 그렇다면 그리스도인으로서 '성숙'은 무엇을 의미할까요? 예수님을 닮아가는 것입니다. 그렇게 '성화'되어 가는 것입니다. '성화'의 사전적 의미는 다음과 같습니다. '신의 은총으로 의롭게 된 사람이 성령으로 인격을 완성함.' 물론 우린 조금씩 성화되어 갈 뿐이지 완전해질 수는 없습니다. 어제 보다 나은 내가 될 뿐입니다. 그러나 이 또한 큰 변화이며 이런 변화는 배우자와 가정에 큰 평안과 기쁨을 선물하게 됩니다.

그럼 우리가 갖추어야 할 성숙의 모습에 앞서서 우리의 시각을 살펴보도록 하겠습니다.

부족한 것은 당연합니다

우린 완전하지 않습니다. 나는 완전하지 않습니다. 남편도 완전하지 않습니다. 그러므로 우리가 부족한 것은 당연합니다. 이 장에선 아내들의 입장에 포커스를 두겠습니다.

우리의 남편을 떠올려 보시기 바랍니다. 생각만으로 설레실 수도 생각만으로 한숨이 나올 수도 생각조차 하기 싫을 수도 있습니다. 지금부터 하고자 하는 이야기는 모든 남편들에 대한 이야기입니다. 저 또한 완벽한 (제 기준에) 남편을 바랐고 신혼 초에는 맞다 생각했습니다. 시간이 갈수록 다름에 다툼이 잦아지며 다름을 인정하고 남편을 객관적으로 보려하기 보다는 나의 이상향 안에 두려고만 했습니다. 왜냐하면 내 선택의 후회가 곧 실패로 느껴졌기 때문입니다. 그러니 어찌했을까요? 네! 남편을 나의 이상향으로 바꾸려 했습니다.

남편에겐 나만이 채울 수 있는 부족하거나 없는 부분이 있었는데 그 사실을 몰랐던 저는 남편의 그 부족한 부분을 메우려 하기보다는 '이것도 못 해?'라며 실망했고, '나 없으면 어쨌을 거야?'하며 나의 존재감을 과시했습니다. 그런 아내의 성숙하지도 지혜롭지도 못한 태도에 남편은 어땠을까요? 상처받고, 자존심이 상했을 것입니다.

에제르의 뜻을 보는 순간 너무나 많은 것을 깨닫게 된 저는 하나님께 회개할 수밖에 없었습니다. 그리고 남편과의 회복을 위해 기도하며 말씀을 찾아 묵상하는데 하나님은 아브라함과 사라를 떠올리게 하셨습니다. 자신이 살기 위해 아내를 두 번이나 누이라 말하며 아내의 희생을 바란 아브라함의 모습을 보며 내친김에 성경 속 인물을 남편감으로 떠올려 보았습니다. 다윗은 밧세바와 간음을 하였고, 사도바울은 나 또한 헌신하며 살아야 할 것 같고, 세례요한은 나의 라이프 스타일과 패셔너블한 삶과 거리가 멀 것 같고…… 반할만한 남편감이 없었습니다. 왜일까요? 인간은 완전하지 않으니까요. 부족한 부분이, 나약한 부분이, 연약한 부분이 있으니까요.

묵상 후 이 생각의 끝을 저의 결심으로 마침표를 찍었습니다. 그래 세상엔 드라마 남주 같은 사람은 없어! 성경 속 실존 인물도 내가 감당하기 힘들어! 그러니 나의 이상향은 내려놓고 내게 주신 나의 남편과 하나 되도록 해야겠어! 그런데 어떻게 하지? 할 수 있는 방법을 다 동원해 봤던 저는 온전히 하나님께 올려드렸습니다.

"저는 할 수 없습니다! 하나님 저희 부부를 온전히 하나 되게 해 주세요! 저희 가정을 회복시켜 주세요!"

누군가는 이렇게 말할 것입니다. 또 그 얘기네 기도하라? 기도는 나도 했어! 부부가 하나 되길, 가정이 회복되길 기도했다면 하나님이 안 들어주실 리 없습니다. 얼마나 듣던 중 반가운 기도겠습니까? 기도 했다면, 하고 있다면 하나님은 응답하시고 지혜를 주십니다. 회복을 위해 아내인 내가 해야 할 것들을 즉 순종해야할 것들을 알려주신다는 것입니다. 다만 하나님께서 주시는 지혜와 방법이 맘에 안 들어 못 들은 척하거나, 주시기 전까지 인내가 되지 않아 나의 방법으로 해보려 한다거나, 남편과의 관계회복을 위한 직접적인 노력이 아니라 하나님을 기쁘게 해 드린다는 이유로 다른 것에 나의 열정과 시간을 쏟으며 회피하는 것일 수도 있습니다.

바르게 보아야 합니다

우리의 노력에 앞서 우리는 이성적 사고로 남편을 바르게 보아야 합니다. 장점은 너무나 잘 알 것입니다 왜냐하면 그 부분에 매력을 느끼고 사랑에 빠졌기 때문입니다. 반면에 부족한 부분이나 없는 부분을 인정하기는 어려울 수도 있습니다. 누구의 남편은 완벽에 가까운 것 같은데 내겐 우리 남편의 부족한 부분만이 도드라져 보이는 것 같아 속상하기 때문입니다. 그러나 실망하지 마세요. 모든 부부는 문제점을 안고 살아갑니다. 물론 그리스도의 사랑을 서로에게 실천하며 하나님의 말씀에 순종하여 나아가는 성숙하고 아름다운 부부도 있습니다. 그러나 이 부부 또한 수많은 기도와 순종의 길을 지나쳐 왔다는 것입니다. 우리도 그 길을 가야 합니다. 그러기위해선 힘듦을 느낀 내가 먼저 노력해야 합니다. 내가 먼저 기도해야 합니다. 내가 먼저 실천해야 합니다. 자 이제 그 노력의 첫걸음을 내디뎌 볼까요?

　먼저 남편의 부족한 부분과 남편에게 없는 부분을 객관적으로 인지하고 있어야 합니다. 내가 바라는 남편상은 내려놓으셔야 합니다. 내가 선택한 남자를 최고로 보이고 싶은 욕심 ,그런 남자에게 사랑받는 나를 보이고 싶은 욕심을 내려놓아야 합니다. 내려놓지 못하면 요구하게 됩니다. 남편을 고치려드려 할 것입니다. 그것은 그 시작부터가 매우 잘 못 되었습니다. 왜냐하면 그 시작은 남편에 대한 불만족에서 시작되었기 때문입니다. 아니 적어도 상대는 자신을 고치려 드는 당신을 보고 그렇게 느낄 것입니다.

　나의 기대는 이상일뿐이며 기대할수록 불평하게 되고 불평 할수록 푸시하게 되고 푸시할수록 멀어지게 된다는 사실 또한 명심해야 합니다. 두 사람의 로맨스는 두 사람의 기질로 어우러져야지 한 사람만의 로맨스 방식을 추구하다간 한 사람은 지치게 될 것입니다. 즉 한 사람은 사랑을 하고 있는데 한 사람은 일하는 것 같은 피로감을 느끼게 될 것이란 말입니다.

세상의 부부는 늘 사이좋게 보이려 애씁니다. 마치 자신의 성공과 커리어와 같이 말입니다. 그런데 안타깝지만 그리스도인 부부도 사이좋게 보이려 애씁니다. 왜냐하면 하나님의 말씀과 사랑 안에서 실패한 듯 보이고 믿음이 없어 보여 주변에 실망감을 안겨 줄 것 같기 때문입니다. 그러나 모든 부부에겐 십자가가 있습니다. 그 십자는 함께 지고 가야 합니다. 그 시작을 같이 하면 좋겠지만 한 사람이라도 먼저 시작한다면 그 가정에 하나님께서 주시는 평안과 기쁨이 더욱 일찍 임할 것입니다.

살아가며 느껴졌던 남편의 달란트와 채워져야 할 점들을 메모해 보시기 바랍니다. 남편의 달란트로 당신과 가족들이 도움을 받거나 가정이 유익을 누리는 부분이 있다면 기회가 올 때마다 항상 고마움을 전하시기 바랍니다. 당연하다 생각하시면 안 됩니다. 당신이 임신을 하고 출산을 하며 희생한 것을 남편이 당연하게 생각한다면 어떻겠습니까? 남편의 노고에 고마움을 담아 찬사를 보내며 늘 격려하시기 바랍니다. 그리고 채워져야 할 부분을 두고 어떻게 하면 남편을 도울 수 있을지 에제르로서 지혜를 하나님께 구하시기 바랍니다. 구하지 않았기에 받지 못했을 수 있는 것입니다. 하나님은 늘 우리를 인격적으로 대하십니다. 우리가 하나님을 찾으며 기도할 때 하나님은 응답하시며 그렇기에 우리의 기도를 기다리십니다. 당신은 하나님께서 주신 지혜로 남편을 돕게 될 것입니다. 겸손히 조용히 나를 드러내지 않고 도울 때 하나님이 일하셨음을 전 할 수 있습니다. 하나님이 기도하게 하셨고 응답하셔서 당신을 도우셨다는 것을 전하며 하나님이 남편을 얼마나 사랑하시는지 전하시기 바랍니다. 그렇게 하나님을 전할 때 남편의 믿음 또한 깊어지며 하나님은 당신을 통해 영광 받으십니다.

나의 기대는 이상일뿐이며 기대할수록 불평하게 되고 불평할수록
푸시하게 되고 푸시할수록 멀어지게 된다는 사실 또한 명심해야
합니다.

_**본문 중**

시각을 바꿔보시기 바랍니다

어떤 일들을 추진함에 있어서 나는 진취적이고 도전을 두려워하지 않지만 남편은 도전을 두려워하며 소심해 보입니다. 그런데 이 상황을 남편의 기준으로 보면 자신은 매우 이성적이고 신중하지만 아내는 지나친 이상주의에 무모해 보입니다. 우리는 여기서 자신을 기준으로 보니 부정적으로 보이는 것을 알 수 있습니다. 그런데 나와 다를 뿐이지 그것이 달란트일 수도 있음을 알아야 합니다. 다음의 단어를 주목해 보시기 바랍니다.

이상주의, 무모함	도전적이며 진취적임
소심함	신중함
예민함	섬세함
오지랖	섬김이 깊음
오버되는 감정	긍휼히 많음
무뚝뚝, 차가움	이성적이고 냉철함

한 의미를 왼쪽은 부정적인 의미로 오른쪽은 긍정적인 의미로 쓴 것입니다. 다른 사람들(남편에 대한 호감이 있거나 비슷한 기질인 사람들)에게 당신의 남편은 소심한 것이 아니라 매우 신중한 사람인 것입니다. 당신 또한 상황에 예민한 사람이 아니라 예측을 하며 주변을 돕는 사람일 수 있다는 것입니다. 그 증거는 당신과 당신 남편 주변을 통해 알 수 있습니다. 당신과 남편 각각의 주변에는 각각에게 호감이 있거나 존경을 하는 사람들이 있다는 것입니다. '이 사람의 본모습을 몰라서 그래'라고 생각하고 싶겠지만 그들은 그 점을 달란트로 본다는 것입니다. 그러므로 존중을 하고 당신과 남편은 그 공동체를 통해 존재감을 느끼게 되는 것입니다.

우리는 이렇듯 자신과 다른 점을 긍정의 단어로 바꿀 수 있어야 합니다.

"그래, 내 남편은 소심한 게 아니라 매우 신중한 사람이야 그래서 실수가 적지."

다름은 단점이 아닌 장점일 수 있습니다. 이해 안 되고 힘든 다툼의 원인인 단점으로 보였던 그 다름으로 내가 누리게 되는 것이 있다는 것입니다.

소심해 보이고 담대하지 못한 남편의 성실함으로 삶의 평안을 누리고 삽니다.

무모해 보이고 대책 없는 도전을 하는 아내 때문에 누리기 힘든 것들을 누리며 삽니다.

이렇게 긍정의 사고를 선택했다면 이제 끝일까요? 아닙니다. 이제 시작입니다. 남편의 신중함은 아내인 당신이 가장 가까이서 바라봤을 때 지나치게 신중함으로 도전의 기회를 여러 번 놓쳤을 수 있고 아마도 당신은 그것을 매우 안타깝게 여겼을 것입니다. 이제 '에제르'로서 당신의 역할이 필요합니다. 남편이 갖고 있는 신중함에 그가 가지고 있지 않은 진취적인 부분을 당신이 채워야 합니다. 이성적이고 냉철한 그에게 부족한 사랑과 긍휼을 채워야 합니다. 지나칠 수 있는 무모함에 신중함을 보태야 합니다.

성숙한 부부는 서로 잘 어우러집니다. 같이 생각하고 같이 의논하며 무엇보다 함께 기도하며 하나님을 향해서도 한 마음입니다. 성숙한 부부는 그 논의가 시끄럽지 않습니다. 같은 비전을 찾아 함께 나아갑니다. 서로에게 사랑뿐만 아니라 신뢰의 맘을 갖고 있습니다. 이것이 바로 하나님이 기뻐하시는 부부의 모습일 것입니다.

그러나 안타깝게도 이런 성숙한 부부는 많지 않습니다. 그러니 실망하지 마세요! 기대하세요! 불가능하다는 부정적인 생각을 내려놓고 여호수아 갈렙처럼 기대하세요! 하나님이 일하시면 불가능은 없습니다!

다른 부부를 부러운 시선으로 바라보던 당신, 어느 날은 행복하고 어느 날은 외로운 것 같은 당신은 이제 하나 됨으로 누리게 될 기쁨과 유익을 경험하게 될 것입니다. 물론 그 과정이 쉽지 만을 않을 테지만 이 말로 주저하는 당신을 설득하고 싶습니다.

우리 부부는 지금까지 함께 해 온 시간보다 앞으로 함께 해야 할 시간들이 더 많다는 것입니다. 배우자로서 부모로서 자녀로서 사명자로서 함께 갈 수밖에 없는 길이 울퉁불퉁한 자갈길이기에 이 길이 빨리 끝나길 바라는 맘이 앞서 함께 하는 기쁨과 행복은 누리지 못한 채 일처럼 느껴지는 피곤한 길

을 걸을 것인지, 천천히 걸어도 함께 하기에 기쁜 꽃길이 될
지는 당신의 선택으로 달라질 수 있다는 것입니다.

이제 에제르가 당신의 사명이 되었다면 지금부터가 매우
중요합니다.

2

셀프 테스트

- 。나를 바르게 볼 수 있어야 합니다
- 。후회는 나의 선택에서 비롯되었습니다
- 。가족을 향한 진실한 마음을 들여다봅니다
- 。당신의 24시간을 적어 봅니다

나를 바르게 볼 수 있어야 합니다

우리가 에제르로서 사명을 감당하기 위해선 에제르다워져야 합니다. 우리는 남편에게 수많은 의견을 건네었고 권면을 했습니다. 내가 보기엔 이것이 유익인데 이것이 정답인데, 이것이 훌륭한 생각인데 라는 시작으로 건넸을 것입니다. 그런데 "예스"라는 답보다 "노"라는 답을 듣는 경우가 많았을 것입니다. 때론 "예스"라는 답을 듣지만 영혼 없는 답처럼 느껴지기도 했을 것입니다. 당신의 의견은 훌륭했을 수 있습니다. 큰 유익을 가져왔을 수도 있습니다. 그렇다면 왜 배우자는 당신의 의견에 "노"를 할까요? 때론 끝까지 듣지도 않고 무시하듯 "노"라고 할까요?

당신의 의견이 훌륭하지 않은 것이 아니라 전달 방식이 지혜롭지 못했을 수 있습니다. 전달방식이 지혜롭지 못하기에 설득하지 못하는 경우가 매우 많음을 알아야 합니다. 그렇다면 지혜로운 전달 방식은 뭘까요? 네 당신이 지혜로운 아내가 되는 것입니다. 당신이 현숙한 아내가 되는 것입니다. 즉 에제르의 자격요건을 갖추는 것입니다.

우리가 현숙한 아내가 되기 위해선 버려져야 할 것들이 있습니다. 그리고 채워져야 할 것들이 있습니다. 그러기 위해 당신 자신을 바르게 알 고 있어야 합니다. 그중 가족을 향한 당신의 솔직한 생각을 꺼내 보아야 합니다. 그리고 다소 개인주의적이며 이기적이었던 나를 발견했다면 인정해야 합니다. 나의 단점을 인정해야 달라질 수 있습니다. 나는 인정하지 못하면서 상대에게만 인정하라 달라져라 요구할 수는 없습니다.

우리 여성들은 메이크업을 합니다. 중요한 일이 있을수록 메이크업을 꼭 하고 나갑니다. 그러면 메이크업을 하는 이유는 무엇일까요? 네 더 아름답게 보이고 싶은 마음에 하는 것일 겁니다. 그렇기에 화장을 할 때 우리는 우리가 맘에 들지 않은 부분을 보완하며 메이크업을 합니다. 근래엔 메이크업

말고 시술이나 수술을 하며 더욱 아름다워지기 위해 노력을 합니다. 우린 외모뿐만 아니라 모든 면에서 완벽하지 않습니다. 지금부터 당신을 꼼꼼히 객관적으로 살펴보시기 바랍니다. 당신에겐 그런 직관력이 있습니다. 외모의 부족한 부분을 그토록 잘 알고 있듯이 당신의 내면의 부족함 또한 잘 알고 있습니다. 그 냉철하고 직관적인 능력을 남편을 비롯한 타인에게만 사용하지 마시고 지금 이 시간은 당신을 멀리서 바라보며 살펴보는 데 사용하시기 바랍니다. 부족한 점을 알아야 채울 수 있습니다. 우린 모두 나약하고 연약합니다. 바로 그 부분을 인정하고 달라지려 애쓰는 당신의 노력은 자신의 성숙과 더불어 가정에 큰 변화를 가져올 것입니다.

우리가 현숙한 아내가 되기 위해선 버려져야 할 것들이 있습니다.
그리고 채워져야 할 것들이 있습니다. 그러기 위해 당신 자신을
바르게 알고 있어야 합니다. ___본문 중

후회는 나의 선택에서 비롯되었습니다

남편과 나의 모습을 객관적으로 바라보겠습니다. 당신은 당신의 남편을 존경하나요? 만약 존경심이 들지 않는다면 우리는 하나님께서 아내들에게 꼭 짚어 명하신 남편에게 복종하기가 참으로 어려워집니다.

> 아내들이여 자기 남편에게 복종하기를 주께 하듯 하라
>
> _에베소서 5:22

남편의 부족한 부분만을 떠올리며 산다면 절대 남편을 존경할 수 없을 것입니다. 그러나 위에서 언급했듯이 남편의

달란트를 떠올리고 단점이라 생각했던 것의 시각을 바꿔 보며 하나님께 남편을 존경하게 해 달라. 존경할 수 있는 남편, 가장이 되게 해달라고 기도한다면 당신은 남편을 존중을 넘어 존경하게 될 것입니다. 그렇게 가정에서 남편의 권위가 세워질 때 자녀들에게도 본이 될 수 있습니다.

그렇다면 당신의 남편에 대한 존중과 존경의 깊이를 한번 짚어 볼까요? 당신은 남편을 어떻게 부르시나요? 여보?, 자기야? 누구 아빠?, 야? 호칭에 그 답이 있을 것입니다. 나의 남편으로서 인정하며 부르는지, 아이들의 아빠 역할만을 강조하며 부르는지, 친구처럼 부르는지, 자기보다 아래로 보고 부르는지...

그리고 공동체(모임)에서 당신은 당신의 남편을 어떤 사람으로 묘사하고 있나요? 내가 사랑하는 사람? 나를 사랑하는 사람? 아이들의 아빠? 파트너? 친구? 동역자? 웬수? 그를 통해서도 남편에 대한 당신의 존중 도를 알 수 있습니다. 이렇게 말씀하시는 분들도 계실 것입니다. '우리는 오래전부터 친구였기에 갑자기 바꾸는 것이 더 어색하고 멀어지는 것 같다.' 네 그럴 수 있습니다. 그런데 그 당시 두 분은 어린 나이였지만 지금은 어른이며 세상을 이끄는 중심 세대가 되었습니다. 당신은 오늘도 당신이 존중하려는 타인에게 그에 맞는

호칭을 하며 존대합니다. 고로 당신은 얼마든지 남편을 존중하는 표현, 존경한다는 표현을 할 수 있습니다.

당신의 남편이 세상에서 주변에서 잘되고 존경받는 사람이 되길 바라신다면 당신 먼저 존경해야 합니다. 자녀들이 아빠를 존경하길 바란다면 당신 먼저 일상에서 존경의 표현을 해야 합니다. 자신은 공주대접을 받으며 남편을 하인처럼 부리는 아내는 왕의 아내가 될 수 없다는 것을 아셔야 합니다. 당신 남편을 가정의 머리로 세우려 애쓰고 존경할 때 당신은 그와 더불어 존경받게 될 것입니다. 당신이 세상에서 성공하고 능력을 인정받았다 하더라도 남편을 존경하지도 존중하지도 않은 인품이라면 당신은 타인에게도 존경받지 못합니다. 세상 속에서 길을 가며 우리는 남편에게 소리를 지르고 호통을 치며 무시하는 아내들을 보곤 합니다. 그 사람들의 목적은 자기가 더 힘 있어지는 것입니다.

그 정도는 아니어도 우리도 사회생활, 공동체 안에서 실수를 하곤 합니다. 우리는 여러 모임(공동체)에 속해 있습니다. 그곳에서 아내들은 자기의 처치를 나누며 함께 슬픔을 공유하고 위로합니다. 그런데 곧 얼마 지나지 않아 후회합니다. 내가 없는 곳에서 그 이야기가 나의 흠이 되어 돌아오는 경우가 있기 때문입니다. 그 당시 자기에게 상처를 준 남편과 시댁을 향한 부메랑은 되돌아와 나의 가슴에 꽂히고 맙니다. 이런 패턴이 계속된다면 나를 살펴봐야 합니다. 그리고 나의 심정을 말하고 싶을 땐 성숙한 공동체, 성숙한 동역자를 찾아야 합니다. 조금이라도 친해진 듯하단 생각에 말을 하는 것은 슬기롭지 못합니다.

저 또한 그 시간을 지나왔습니다. 그리고 에제르가 되기 위해 현숙한 아내를 소망하며 하나님께서 주신 다음 말씀을 묵상하며 실천하기로 결단했고 지금은 후회되는 일을 만들지 않습니다. 왜냐하면 후회의 대부분은 나의 선택이었기 때문입니다. 선택하지 않으면 되는 것입니다.

> 미련한 자라도 잠잠하면 지혜로운 자로 여겨지고 그의 입술을 닫으면 슬기로운 자로 여겨지느니라 바보라도 침묵하면 지혜롭게 보이고, 입술을 다물면 지성인으로 여겨진다. _잠언 17:28

그리고 내가 준비되기 전까지 남편의 (단점을 이야기하는)흠을 멈춰야 하는 또 하나의 중요한 이유가 있습니다. 당신은 객관적으로 말한다고 할 수 있겠지만 남편에겐 지적과 비판으로 들릴 것입니다. 자신이 아는 범위 안에서 최선을 다하는 남편은 당신의 지적과 비난을 듣고 처음에는 노력을 할 것입니다. 그러나 그는 얼마 지나지 않아 노력의 의지를 내려놓게 됩니다. 왜냐하면 자신이 아무리 애를 써도 아내는 자신을 그런 사람으로 볼 것이기 때문입니다. 바로 사기가 꺾이는 것입니다. 에제르로서 지혜를 갖추고 현숙한 아내가 되기까지 불평을 잠시 내려놓길 권면드립니다.

가족을 향한 진실한 마음을 들여다봅니다

가족들과의 관계에 있어서 나만 참는 것 같은 생각이 들고, 참다못해 때론 폭발하는 자신을 경험한 적이 있을 거라 생각합니다. 그 생각과 함께 그동안 용서했다고 말한 것들, 용서했다고 생각했던 것들이 다시 쏟아져 나오는 것 또한 경험해보셨을 것입니다. 그 참는다는 것, 상대를 향한 인내가 용서인지 단지 쌓아놓는 것인지 분별하고 계셔야 합니다. '즉 내가 참는다.'라는 말 속의 원뜻이 '이번엔 넘어가 준다. 한 번만 더 이래봐라!' 라면 이건 용서가 아닙니다. 화를 낼 상황을 다음으로 넘기며 keep 해 두는 것뿐입니다.

당신은 현재 가족들을 위해 희생한다 생각하나요? 아니면 당신의 희생은 당연하다 생각하나요? 그도 아니면 부족하다고 생각하나요? 물론 타고난 기질에 따라서 희생의 기준이 제각각 다를 것임으로 다음의 상황으로 예를 들어 보겠습니다.

실로 많은 아내들, 엄마들이 아기를 낳고 아기를 돌보고 이유식을 만들고 설거지를 하고 집안일을 하는 자신이 불쌍했다. 결혼 후 자유로움이 사라지고 서로의 부모님과 가족에 대한 의무만이 더 생긴 것 같다. 자신은 결혼하기 전 이런 일을 하지 않았는데 누군가의 아내로 엄마로서 희생을 하며 내가 사라진 것 같다라고 말합니다.

물론 지금까지의 환경과 너무나 다른 상황 안에서 갑작스레 갖추고 변화되어야 할 것들이 많아 매우 힘들었을 것입니다. 그렇지만 이렇게 한 번 바라봐볼까요? 나 스스로를 위해서도 음식을 하고 집안일을 해야 합니다. 그동안 하지 않았다면 누군가의 헌신과 희생 때문이었습니다. 그 희생이 엄마일 수도 아빠일 수도 다른 양육자일 수도 있을 것입니다. 그리고 당신은 부모가 되길 선택했습니다. 우리가 비로소 부모가 될 때 우리의 부모의 헌신과 희생을 알게 되며 감사할 수 있습니다. 그리고 나아가 하나님의 나를 향한 사랑 또한 깊이 묵상하게 됩니다.

　결혼 후 또 다른 힘든 점은 서로의 부모님을 공경하는 부분일 것입니다. 그리고 육아문제와 맞벌이의 경우 집안일 분담에 대한 불공평한 생각으로 '왜 나만 희생해? 왜 나만 참아?'라는 텍이 생각을 따라붙을 것입니다. 결혼 후 바뀌게 된 것 중 많은 경우가 배우자의 가족 모임일 것입니다. 상담하다 보면 한국문화 안에서 아직도 부부싸움의 큰 비중을 차지함을 보게 됩니다. 아마도 유교적 전통사상의 환경과 교육 안에서 자랐기에 힘들고 불평등한 대우를 받는 경험을 했기 때문일 것입니다. 그런데 교회 안에서 존경받는 분들 또한 아직 이 부분에 있어서 부부가 평안을 느끼지 못하는 경우를 보게 됩니다.

　상담하며 아내들의 이야기를 듣고 있자면 대부분 맞는 이야기입니다. 화도 날 것이고 불평등하다 느낄 수도 있고, 때론 큰 상처를 받았을 것입니다. 이 문제를 하나님의 말씀 앞에서 해결하지 않는다면 그리스도인일지라도 부부는 이 문제로 너무나 힘들 것입니다.
　이는 분리에 있어서 명확하지 못하고 슬기롭지 못했기에 해결되지 않고 반복되는 것입니다.
　그리스도인인 부부들에게 다음의 말씀을 들려드리겠습니다.

이러므로 남자가 부모를 떠나 그의 아내와 합하여 둘이 한 몸을
이룰지로다 _창세기 2:24

우리는 배우자를 만나 결혼함으로써 부모를 떠납니다. 부부는 서로를 통해 한 가정을 꾸리게 되는 것입니다. 앞으로의 결정과 선택은 부부의 몫이며 부모보다 아내를 더욱 기쁘게 해야 함이 맞습니다. 왜냐하면 우리의 엄마에게도 남편이 남편에게도 엄마가 있기 때문입니다. 그렇다 하여 부모를 공경(공손히 받들어 모심)할 몫이 사라지는 것은 아닙니다. 신명기 5장 16절 말씀을 보면 부모를 공경하는 것이 하나님의 명령이라 했습니다. 즉 부모를 공경하는 것은 우리가 선택할 수 있는 점이 아니라 무조건 순종해야 하는 명령인 것입니다. 그리고 그 약속을 지킨 자녀에게 하나님은 약속하십니다. 하나님께서 주신 땅에서 우리의 생명이 길고 복을 누린다는 것입니다. 그 복은 하나님께서 은혜로 늘 함께 하시면서 부어주시는 복입니다.

너는 네 하나님 여호와께서 명령한 대로 네 부모를 공경하라 그
리하면 네 하나님 여호와가 네게 준 땅에서 네 생명이 길고 복을
누리리라 _신명기 5:16

우리가 희생하고 불평등하다 느끼는 것은 부부가 함께 의논한 부모님에 대해 적절한 선을 대입시키지 못하는 것이고, 부모님들은 결혼한 자녀들에게 적절한 선을 지키며 존중하지 못하기 때문입니다. 부부는 결혼과 함께 모든 것을 자신과 하나인 배우자와 의논하고 함께 해나가야 합니다. 그리고 서로의 부모님은 나와 하나인 배우자의 부모이므로 자신의 부모처럼 함께 공경해야 합니다.

서로의 부모님을 향한 마음의 소리, 육아를 함께하며 드는 생각이 지금 가족들을 향한 당신의 모습입니다. 부정적이고 잘못된 부분을 발견해 회개의 맘이 올라올 수도 있고 미워하는 맘을 정당화할 수도 있겠습니다. 어찌 되었든 당신이 당신의 가정을 바라보는 지금의 모습입니다. 그러나 당신의 결단과 의지로 함께 더 기쁘고 평안한 삶을 살 수 있습니다.

참는다는 것, 상대를 향한 인내가 용서인지 단지 쌓아놓는 것인지
분별하고 계셔야 합니다. 즉 '내가 참는다.'라는 말 속의 원뜻이 '이
번엔 넘어가 준다. 한 번만 더 이래봐라!'

_ **본문 중**

당신의 24시간을 적어 봅니다

시간대별로 적어도 좋습니다. 회사일, 양육일 등 일이라 생각되는 시간들을 제외한 여유의 시간을 확대해 보세요. 그 시간들을 무엇으로 채우고 있는지요? 가장 많이 할애하는 것이 무엇인가요? 남들과의 교제? 자기계발? 티브이 시청? 아이들과 공부? 운동? 교회의 사명 봉사 헌신? 자기가 가장 시간을 많이 할애하는 것이 현재 자신의 열정과 시간을 쏟고 있는 부분입니다. 이 시간이 당신에게 안위와 위로와 기쁨이 된다 생각하는 것입니다. 그리고 그 일에서 결과를 얻으려 애씁니다. 모임을 통해 당신은 당신을 위로하고 아껴주는 사람을 만나길 기대할 것이고, 아이들을 학원에 보내며 좋은 성적을 받길 기대할 것이며, 교회의 봉사와 헌신을 하며 하나님을 기쁘시게 해 드리길 원할 것입니다. 일이 너무도 중요한 나머지 집에서도 업무를 보며 승진을 기대할 수도 있겠습니다. 그렇게 열정을 쏟은 일로 그 시간들을 채웠을 때 당신은 뿌듯하고 행복한가요? 공허와 외로움과 후회는 전혀 없었나요? 끝이 없을 것 같다는 생각에 숨이 막혀오지는 않나요?

브런치 문화가 요즘 트렌드로 보일지 모르지만 우리 부모님 세대에도 이런 문화가 있었습니다. '응답하라 1988'이란 드라마를 보셨을지 모르겠습니다. 남편을 출근시키고 아이들을 학교에 보낸 후 아내들은 집안일을 끝내고 서로 모여 앉아 콩나물을 다듬고 멸치 꽁지를 따며 이런저런 담소를 나눕니다. 드라마 속에서 그들은 서로를 돕고 위로하는 아름다운 모임을 갖습니다. 그렇다면 당신이 속한 공동체, 모임은 어떤가요? 그곳에서 위로와 기쁨과 유익을 얻고 있나요? 아니면 즐거웠던 시간을 뒤로하고 돌아오는 길에 '남편 욕을 너무 했나? 나의 비밀을 듣고 뒤에서 욕하진 않을까? 저들을 믿어도 될까?' 후회하고 불안해하진 않았었나요? 서로의 공통의 관심사 안에서 솔직함을 바탕으로 친해지고 그렇게 모든 것을 함께 나누는 관계를 우리는 꿈꿉니다. 그러나 그건 현실이 아닙니다.

우리는 그리스도인입니다. 그렇다면 이 사실을 알고 계실 것입니다. 아담의 원죄로 인해 우리는 '죄인'으로 태어났다는 것을 말입니다. 그것에 대한 증거는 예수그리스도가 우리를 구원하시기 위에 내가 져야 할 십자가를 대신 지셨다는 것입니다. 그리고 이것만 봐도 알 수 있습니다. 겉으론 드러나지 않게 애쓸지 모르지만 내 속에서 하루에도 여러 번 일어나는 죄성을 우리는 느끼고 있다는 것입니다. 그렇기에 우리는 하나님을 믿고 기도하는 삶을 살아가고 있는 것입니다. 이런 죄인인 우리들은 공동체 안에 희망을 가지고 들어갔다 상처를 받고 나옵니다. 그리고 그 일은 교회와 하나님과의 관계에 영향을 미칩니다. 당신이 달라지지 않는 한 이런 패턴은 반복될 것입니다. 그러나 당신은 달라질 수 있고 변화된 당신은 어느 공동체를 가든 평안 할 것입니다. 그곳에서 당신은 많은 사람들에게 평안과 기쁨을 끼치게 될 것입니다. 그렇게 당신은 의도하고 애쓰지 않아도 환영받고 사랑받게 될 것입니다. 그렇게 예수그리스도의 향기를 내게 될 것입니다.

지금까지의 이야기를 듣고 소망이 생긴 당신을 축복합니다. 결심을 한 당신과 함께 하나님께서 우리에게 주신 자유의지로 우리가 해야 할 일들은 깊이 나눠보겠습니다.

당신이 속한 공동체,
모임은 어떤가요?
그곳에서 위로와 기쁨과
유익을 얻고 있나요?
_본문 중

3

사랑할 준비가 되었나요?

° 스스로를 존중해야 합니다

° 자신과의 관계를 살펴봅니다

° 나를 사랑해야 합니다

° 하나님이 나를 사랑하신다는 확신을 가져야 합니다

° 그 준비란 '사랑'을 바르게 이해하는 것입니다

° 이제 자신을 향한 서툰 사랑을 시작해 봅니다

스스로를 존중해야 합니다

자존감이 높다, 낮다.라는 말을 들어보았을 것입니다. 자존감의 사전적 의미는 '스스로 품위를 지키고 자기를 존중하는 마음'입니다. 당신은 자신을 얼마나 존중하십니까? 스스로가 '나는 품위 있는 사람이다'라고 느껴지십니까?

다음의 질문을 통해 한번 알아보겠습니다. 당신은 평소 스스로를 향해 어떤 말을 많이 하시나요?

"잘했네. 나는 참 멋져!"

"내가 문제야. 역시 나는 안돼."

평소 나 스스로를 향한 마음과 생각이 나 스스로를 대하는 태도인 것입니다. 자존감이 낮으면 관계 안에서 상대의 평가를 통해 자신의 존재감을 찾으려 합니다. 즉 남의 시선과 판단이 굉장히 중요한 것입니다. 그러다 보니 본연의 나로 살기보다 화장을 한 채 살아갑니다. 상대가 좋아하는 사람이 되기 위해 애쓰는 것입니다. 오늘의 모임 안에서 열심을 다하고 선하고 섬기는 모습으로 애쓴 당신은 여러 사람에게 '사람 좋다, 착하다, 사랑이 많다'라는 말을 듣고 집으로 돌아옵니다. 그런데 자려고 누운 당신은 모임에 있던 당신에 대해 호감을 갖지 않은 사람이 떠오르며 이런 생각을 합니다. '내가 뭘 잘못했나?', '이 사람은 왜 이렇게 말했지?', '이 사람은 날 왜 싫어하지?'라며 자책을 하는 것입니다.

모임에서 당신의 애씀에도 불구하고 당신에 대한 호감이 없을 수도 있고, 당신을 싫어할 수도 있습니다. 그 감정은 상대방의 것입니다. 상대방이 그런 감정을 갖게 된 데는 여러 이유가 있을 것입니다. 그리고 당신에 대한 편견이 사실이라할지라도 그것은 상대의 감정이며 그 사람의 성숙도입니다. 당신이 그 사람과의 관계를 위해 즉 그 사람의 마음에 들기위해 따로 연락을 취하고 그 사람과의 사이를 위해 부단히 애써서 좋아진다 해도 그 노력의 이유가 그 사람에 대한 사랑과 긍휼의 맘이 아니라 당신을 좋은 사람으로 각인시키고 싶은 마음, 또는 상처받고 싶지 않은 마음 때문이었다면 해결책이 될 수 없습니다. 왜냐하면 앞으로 당신이 만나는 수많은 만남과 공동체에 그런 사람은 또 있을 것이기 때문입니다. 끝없는 반복에 당신은 곧 지칩니다. 불편합니다. '좋은 사람, 좋은 아내' 소리를 듣기 위해 애를 쓰지만 일하듯이 힘이 듭니다. 이것은 상대의 나에 대한 평가가 곧 자신이란 생각에 애쓰는 것입니다. 그들의 평가는 그들의 기질과 성향에 따라 달라지는 것입니다. 당신의 친절이 당신과 비슷한 기질의 사람에겐 사랑으로 느껴지고 당신과 다른 기질에겐 참견과 간섭으로 느껴지는 것입니다. 이런 다름으로 인해 당신이 좋은 사람 또는 불편한 사람으로 판단되어지는 것은 한 공동체에서 당신을 향해 동시에 일어날 수 있다는 것입니다.

만약 이 시간 당신이 자존감이 높고 성숙하다면 이렇게 반응할 것입니다.

'아 저 분은 나와 다른 기질과 성향이구나. 내가 불편할 수 있겠네.', '나를 향한 저분의 감정은 저분의 것이고 오늘 나의 노력은 이 정도로 충분해 그러니 이후 부정적인 생각으로 나 자신을 괴롭히지 말아야겠어. 이 시간부터는 나와의 교제 시간이니 나를 더 존중해야지'

고로 당신의 잘못이 아니란 사실을 말씀드립니다. 당신이 더 부족해서도 잘못하고 있어서도 아닙니다. 맞추려 들지 마세요. 그 시간과 열정을 스스로를 존중하고 성숙한 자신이 되는데 집중해 보세요. 앞으로도 수많은 공동체와 모임에서 비슷한 일이 일어나겠지만 성숙해진 (의연해지고, 단단해지고 , 부드러워진) 당신은 불편한 감정을 갖기보다 상대방을 이해하게 될 것입니다. 그로 인해 그곳의 많은 사람들로부터 존중과 존경을 받게 될 것입니다. 이제 성숙한 사람을 소망하게 된 당신과 계속 이야기 나누어 보겠습니다.

노력의 이유가 그 사람에 대한 사랑과 긍휼의 맘이 아니라 당신을 좋은 사람으로 각인시키고 싶은 마음, 또는 상처받고 싶지 않은 마음 때문이었다면 해결책이 될 수 없습니다. 왜냐하면 앞으로 당신이 만나는 수많은 만남과 공동체에 그런 사람은 또 있을 것이기 때문입니다. 끝없는 반복에 당신은 곧 지칩니다.

_본문 중

자신과의 관계를 살펴봅니다

자존감이 높은 사람들의 특징이 있습니다. 꽤 독립적입니다. 힘이 있어 보이고 당당해 보입니다. 반면 자존감이 낮은 사람들은 스스로의 힘이 없다 보니 남을 많이 의존합니다. 이는 그 안에 '나 혼자 어떻게 해', '난 이런 능력이 없는데'라고 생각하며 자신감이 없기 때문입니다. 정말 많이 부족할 수도 있고 자신의 달란트를 모르고 살기 때문일 수도 있습니다. 반면에 자존감이 높다는 것이 정말 많이 알고 능력이 뛰어나서도 아님을 아셔야 합니다. 자존감은 나 스스로를 존중하는 마음이지 능력에 따라 생길 수 있는 마음이 아님을 명심하시기 바랍니다. 그러니 능력을 키워서 남들과 사회에서 인정받으면 그때 나 스스로를 칭찬하고 존중하겠다는 마음은 버리시기 바랍니다. 당신은 지금 오늘을 살아가는 당신을 존중하고 사랑할 수 있어야 합니다. 당신이 당신을 사랑하고 존중할 때 비로소 타인에게 당신의 존중과 사랑을 기대할 수 있는 것입니다.

이에 당신의 의존도를 체크해 보겠습니다.

혼자 식당에서 밥을 먹고 혼자 영화를 보고 혼자 여행을 하며 즐길 힘이 있나요? 아니면 늘 누군가와 함께 여야만 하나요? 남편 또는 가족 친구 등 늘 누군가와 함께 여야만 무엇을 할 수 있고 마음이 편하다면 당신은 매우 의존적인 사람입니다. 자신의 24시간을 살펴봐도 알 수 있습니다. 혼자여도 기쁘고 모든 할 수 있는지... 혼자 있음을 견디지 못해 모임이 없는 날은 전화기를 드는지... 혼자여서 외롭고 쓸쓸하고 무료하다면

당신은 자신과의 관계가 썩 좋다 말할 수 없습니다.

당신 혼자여도 즐겁고 행복할 수 있어야 합니다. 자존감이 높아 혼자여도 기쁘고 힘이 나는 당신은 남에게 의지하려 들지 않습니다. 고로 부탁을 할 일도 줄어듭니다. 그러다 보니

거절을 받더라도 상처받지 않습니다. 오히려 많은 부탁을 받을 것이며 많은 모임에 초대를 받을 것입니다. 그렇다면 왜 당신은 자존감이 낮을 까요? 이 또한 자신이 부족해서라 생각한다면 당신은 당신 자신에게 신뢰와 사랑을 받지 못하고 있는 것입니다.

우리의 자존감은 어린 시절을 비롯한 자라온 양육환경과 관련이 깊습니다. 부모에게 충분한 사랑을 받고 자란 자녀는 자존감이 높습니다. 그러나 부정적인 언어와 피드백을 받고 때로는 폭력의 상황에 놓였었다면 자존감이 낮을 수밖에 없습니다.

'너 때문에 내가 이렇게 고생을 하는 거야!'
'넌 왜 맨 날 그 모양이니!'
'너만 없으면 돼!'
'그것도 못 하니?'

이런 말을 듣고 자란 사람은 무슨 일이 일어날 때면 스스로에게 이렇게 말을 합니다.

'나 때문인가?'
'난 사랑받을 존재가 못돼!'

'살기 싫어. 죽고 싶어. 아니 죽지 못해 사는 거야.'

부족한 사랑으로 외롭고 아팠던 당신은 실수를 하고 자신의 선택을 후회하지만 빠져나올 힘도 없습니다. 이런 힘든 환경을 벗어나고자 한 선택은 복불복입니다. 그동안 당신의 가치를 몰라주었던 그들과 같은 사람들을 또다시 만날 수도 있고 당신의 아픔을 진심으로 감싸 안아주며 사랑해 줄 사람을 만나기도 합니다. 그러나 후자도 무조건 행복하지는 않습니다. 왜냐하면 상대가 당신을 향해 긍정의 말을 건네도 자존감이 낮은 당신은 부정적인 마침표를 찍으려 들기 때문입니다. 자존감이 낮으므로 그 관계 또한 어려워지는 것입니다.

어릴 적 또는 젊은 시절의 당신을 떠올려 보세요. 힘들겠지만 모두 잠든 밤 편안한 쿠션을 등에 대고 앉아 한쪽엔 손수건과 한쪽엔 성경책을 두고 앉으세요. 그리고 당신의 힘들었던 그 시간을 브라운관 안으로 집어넣고 관객이 되어서 시청해 보세요. 당신은 당신이 아닌 당신을 지켜보는 사람입니다. 당신의 눈물이 보일 것입니다. 당신의 아픔이 보일 것입니다. 당신의 고통의 시간들이 떠오를 것입니다. 제삼자가 되어 바라보니 모든 것이 당신 탓이었던 게 맞나요? 당신은 정말 못난 사람인가요? 그 시간 그 상황 안에 놓였다면 어떤 영혼이든 당신과 같은 선택을 했을 것입니다. 이 글을 쓰며 가슴이 아픕니다. 당신이 얼마나 아팠을지 공감이 되기 때문입니다. 저도 그 긴 시간을 지나왔고 이젠 당신을 위로할 수 있는 이 귀한 시간이 주어졌다는 것이 감사일뿐입니다. 자존감이 바닥에 붙어 있던 제가 자존감을 회복하며 알게 된 사실들이 있습니다.

모든 것이 제 탓이 아니었다는 것입니다. 난 그렇게 형편없는 사람이 아니었다는 것입니다. 난 그 힘든 시간을 견디어낸 용감한 사람이라는 것입니다. 그 생각에 이르자 전 저 스스로를 안아줄 수 있었습니다. 꼭 안아주었습니다. 주변의 사람들의 생각이 바뀌었든 똑같든 상관없습니다. 전 이제 저를 사랑하기로 맘먹었기 때문입니다. 그때 깨닫게 된 것이 있습니다.

어쩌면 날 가장 사랑하지 못한 사람은 나일 거라는...

당신을 향해 긍정의 말을 건네도 자존감이 낮은 당신은 부정적인 마침표를 찍으려 들기 때문입니다. 자존감이 낮으므로 그 관계 또한 어려워지는 것입니다.

_본문 중

나를 사랑해야 합니다

당신 자신을 얼마나 사랑하고 있는가를 돕기 위해 다음의
질문을 해보겠습니다.

1. 당신은 자신을 얼마나 신뢰하나요?
2. 당신은 자신을 얼마나 소중히 대하나요?

여기서 오해할 수 있는 부분을 말씀드리자면 스스로를 소
중히 여기고 사랑하는 것을 '자기애'로 표현해서는 안 됩니
다. 우리가 스스로를 바르게 사랑하는 것은 자기애가 강한
것과는 다릅니다. 자기애는 '자기의 가치를 높이고 싶은 욕망

에서 생기는 자기에 대한 사랑이라' 정의합니다. '욕망'으로 시작된 감정이며 자기애가 높은 것은 이기적인 것입니다. 자신만을 지나치게 소중히 여김으로 인해 자기는 힘들지 않고 자기만 성공하고 자기의 뜻대로 되기를 원하는 사람인 것입니다. '자기애'는 죄성입니다.

막상 나를 향한 서툰 사랑을 시작하려는데 그 방법을 모르겠어서 기도하며 묵상했습니다. 그때의 기도를 적어봅니다.

"아버지 제가 사랑받을 자격이 있고 사랑받고 있음을 확신 시켜 주세요. 그리고 저를 어떻게 사랑해야 하는지 알려주세요. 저는 저를 사랑함에 있어서 너무나 서툽니다."

자존감이 낮았던 저는 실수를 하면 그 좌절감이 너무나 컸습니다. 이 일로 난 또다시 미움을 받고 그동안의 노력은 물거품이 될 것 같다는 생각에 사로잡혔습니다.

기도하며 묵상하던 어느 날 책 속의 이 질문 앞에 전 회개하였습니다.

"무슨 권한으로 당신은 하나님께서 그렇게 깊이 사랑하시는 존재를 깎아내리는가!"

하나님의 무조건적인 사랑 앞에 그분이 나를 사랑하심을 소중히 여겨 주심을 알고는 있지만 내가 그분께 소중한 존재임을 왜 받아들이지 못하고

'아버지 전 사랑받을 존재가 못 됩니다.'

라며 그분도 승인한 사랑을 나 스스로 거부했는지 깨닫게 해 주셨기 때문입니다. 그리고 이렇게 말씀해 주셨습니다.

"넌 나의 존귀한 딸이란다. 너를 천국 내 곁에 두기 위해 내가 어떤 선택을 했는지 너는 알고 있지 않니? 내가 널 그토록 사랑한다는 사실을 이제 그만 받아들이기 바란다. 내가 너와 함께할 일이 참 많단다."

예수님의 십자가를 나의 관점에서만 봐왔기에 예수님께 받은 사랑에 조금이라도 보답드리고자 다른 영혼들의 정서와 감정과 육을 위해 애쓰고 봉사하고 헌신하며 이웃사랑하기를 먼저 실천했는데 예수님의 십자가를 하나님의 관점에서 바라보니 하나님의 나를 향하신 사랑의 깊이가 느껴졌습니다. 나의 주변의 그 누구도 이렇게까지 저를 사랑하지 않았습니다. 나부터도 나 자신을 이렇게 사랑하지 못했는데...

하나님은 하나님은… 이 모습 있는 그대로 조건 없이 나를 사랑하신 것입니다.

우리는 하나님을 향해 사랑한다 말하며 고백할 수 있습니다. 이는 하나님은 내가 당연히 사랑해야 할 분임을 믿는다는 것입니다. 그와 반면에 어려운 것이 있습니다.

하나님이 나를 사랑하신다는 확신을 갖는 것 말입니다.

하나님이 나를 사랑하신다는
확신을 가져야 합니다

하나님이 나를 사랑하신다는 확신을 가져야 합니다. 왜냐하면 나는 하나님께 사랑받을 만한 일을 한 것 같지 않고 자격도 안 된다 생각하기 때문입니다. 헌금도 봉사와 헌신도 나보다 더 많이 하는 사람들이 있고 나는 그 사람들처럼 그렇게 할 여력이 형편이 안 되기 때문입니다. 기브 앤 테이크 식 세상의 사랑을 기준으로, 세상에서 만난 나를 사랑한다는 사람들을 떠올려보면 그렇게 생각할 수도 있겠습니다. 하나님이 어떤 분이신지 그분의 성품에 대한 바른 지식이 없기에 그럴 수도 있습니다.

하나님이 어떤 분일지 떠올릴 때 하나님의 성품을 잘 모르거나 경험을 하지 못한 영혼들은 부모나 양육자를 투영해 하나님을 바라보는 경우가 많습니다. 즉 아버지가 엄하셨다면 하나님도 두려운 마음으로 보게 되는 것입니다. 그러니 말씀을 율법처럼 지키지 않으면 혼이 날까 두려워하는 것입니다. 그리고 하나님과 나와의 관계가 깊지 못하다 보니 교육자들을 통해 심긴 하나님의 이미지만을 믿게 되는 것입니다. 그러다 보니 하나님을 기쁘시게 해드리기 위해 애쓰지만 나와 하나님과의 관계를 바르게 이해하지 못합니다. 당신이 당신의 가치를 바르게 알기 위해선 하나님에 대한 바른 사고가 선행되어야 합니다. 즉 하나님이 당신에게 어떤 분이신지, 하나님의 성품을 묵상해야 합니다. 삶에서 하나님의 성품을 경험하며 믿어져야 합니다.

하나님은 당신을 창조해 세상에 보내신 당신의 아버지십니다. 그분의 당신을 향한 사랑에는 조건이 붙지 않습니다. 당신이기에, 주님이 선택한 자녀이기에 사랑하시는 것입니다. 우리는 자녀를 키우며 하나님의 사랑의 깊이를 조금이나마 깨닫게 됩니다.

나를 바르게 사랑하기 위해선 하나님이 나를 사랑하심에 대한 확신이 있어야 합니다.

믿어져야 합니다. 나를 존귀하다 말씀하시며 그토록 사랑하신 하나님을 떠올리며 저는 노력하기 시작했습니다. 나의 자존감이 한 번에 올라가진 않으니 기도하며 하나님이 주시는 지혜를 하루하루 실천하며 노력했습니다. 나 스스로를 향한 부족함이 느껴지고 아직 부족한 나를 향한 부정적인 피드백이 들릴 때마다 전 속으로 선포했습니다.

'난 주님의 존귀한 자녀다! 나는 주님이 그토록 사랑하는 딸이다.'

그렇게 묵상의 시간들을 보내며 하나님께서 제가 놓치고 있었던 중요한 사실을 알게 해 주셨습니다. 그 사실을 알게 된 저는 주의 자녀로서 자신을 사랑함이 또한 사명임을 깨닫게 되었습니다.

대답하여 이르되 네 마음을 다하며 목숨을 다하며 힘을 다하며 뜻을 다하여 주 너의 하나님을 사랑하고 또한 네 이웃을 네 자신 같이 사랑하라 하였나이다 _누가복음 10장 27절

이 말씀구절에서 우리는 하나님을 사랑하고 이웃을 사랑하라는 것에만 주목합니다. 그렇기에 예배와 기도를 하며 하나님을 사랑함에 애씁니다. 그리고 이웃을 사랑하는 것에 온

열정과 힘을 쏟습니다. 그러다 보니 나의 정서와 감정과 육
은 챙길 여력이 없습니다. 아니 나를 챙기고 돌보는 것이 예
수님의 희생 앞에 죄스럽습니다. 그러다 보니 지칩니다. 힘
이 듭니다. 왜냐면 당신은 준비되지 않은 채 사랑하려고 애
쓰고 있었기 때문입니다. 그 준비란 무엇일까요?

묵상의 시간들을 보내며 하나님께서 제가 놓치고 있었던
중요한 사실을 알게 해 주셨습니다. 그 사실을 알게 된
저는 주의 자녀로서 자신을 사랑함이 또한 사명임을 깨
닫게 되었습니다.
_본문 중

그 준비란 '사랑'을
바르게 이해하는 것입니다

누가복음 10장 27절의 말씀을 자세히 들여다보면 순서가 나옵니다.

첫째. 하나님을 사랑하고, 둘째. 네 이웃을 네 자신 같이 사랑하라.

'이웃을 너 자신 같이 사랑하라!' 그렇다면 사랑의 바른 순서는 어떻게 될까요?

첫째. 하나님을 사랑하고, 둘째. 나를 사랑하고, 셋째. 나 자신 같이 이웃을 사랑하라!입니다.

우리는 두 번째 단계를 경히 여겼습니다. 나를 사랑하지 못하면서 이웃을 바르게 사랑할 수는 없습니다. 나 자신을 사랑 하는 것만큼 이웃을 사랑하게 됩니다. 나 자신을 바르게 잘 사랑할 수 있어야 남도 바르게 사랑할 수 있는 것입니다. 어찌 보면 나는 사랑한다고 하는데 나의 사랑을 불편하게 느낀 영혼들이 있다면 가족이든 친구든 동역자든 교회 공동체 가족들이든 그 이유가 있는 것입니다.

나를 사랑하지 못한다는 것은 사랑의 방법을 잘 모르는 것일 수도 있습니다. 나를 용서하지 못하고, 나를 이해하지 못하고, 나를 보살피지 못한 채 자신의 영과 육의 한계를 넘어 헌신과 섬김을 하는 것이 큰 사랑이라 생각한다면 반드시 부작용이 따라올 것입니다. 바로 그 사랑의 기준이 자신을 희생하며 자기의 유익과 안위를 내려놓고 하는 것이기에 다른 이들에게도 섬김이의 자세로 그것을 요구하게 될 수 있기 때문입니다. 만약 당신이 그 신념으로 리더가 된다면 당신을 따르는, 따라야 하는 사람들은 힘이 듭니다. 왜냐하면 당신의 스타일로 하다 보니 쉼이 없고 개인의 삶을 누릴 여유가 없기 때문입니다.

우리 스스로 자신을 보살피고 사랑할 수 있어야 리더가 되었을 때 다른 영혼들에게 스스로를 사랑하는 법을 알려줄 수 있습니다. 그리고 성숙한 리더는 자신의 방법을 강요하지 않습니다. 자신의 방법만이 최고라 생각하며 교육하지 않습니다. 다른 구성원들 각자의 달란트로 영혼을 잘 섬길 수 있도록 돕습니다. 자신이 잘할 수 있는 섬김을 하게 된 구성원들은 섬김이 기쁘고 행복합니다. 그렇게 자아가 건강해진 영혼들은 기뻐하며 이웃을 섬기게 됩니다. 섬김이 더 이상 일처럼 느껴지지 않는 것입니다.

스스로를 용서할 수 있는 사람은 다른 영혼의 잘못을 보고 판단하고 지적하기보다 이해하며 그 죄로 인한 고통을 공감하며 안아줄 수 있습니다. 스스로를 격려할 수 있는 사람은 스스로를 향해 채찍질하며 고통스러워하는 영혼에게 자신의 달란트를 보게 합니다. 스스로를 보살필 줄 아는 사람은 믿음이란 말 앞에 다른 영혼의 헌신을 강요하지 않습니다. 스스로 매일 순간순간 하나님과 교제하는 사람은 다른 영혼이 그 시선을 하나님을 향하도록 돕습니다. 자신의 삶에서 경험되어진 모든 시간이 (실패와 부끄러웠던 시간까지도) 다 이유가 있음을 깨달은 영혼은 자신의 삶의 모든 시간이 은혜였음을 깨닫게 됩니다. 그 선택으로 인한 부끄러움도 가져 보았고, 그 실패의 좌절도 경험해 보았고, 관계 안에서의 아픔도 겪어 보았기에 다른 영혼을 위로할 수 있는 것입니다. 그리고 격려의 말을 전할 수 있는 것입니다.

그렇게 자신을 사랑하게 됨으로 다른 영혼을 비로소 공감하며 사랑하게 되는 것입니다.

공감 없는 용서와 이해는 겉치레일 뿐입니다. 다른 영혼의 맘에 심기어지지 않은 채 흘러가 버립니다. 이제 왜 당신이 이 세상을 살아가면서, 하나님 나라의 일꾼으로 살아가며 스스로를 사랑해야 하는지 아시겠지요? 당신을 바르게 사랑하고 그 바른 사랑으로 자신처럼 이웃을 사랑하는 당신은 하루하루의 삶에서 예수님의 향기를 내며 그분을 드러내게 될 것입니다. 왜냐하면 당신의 그 결단은 하나님의 말씀의 순종의 결단이었기 때문입니다.

나를 이해하지 못하고, 나를 보살피지 못한 채 자신의 영과 육의 한계를 넘어 헌신과 섬김을 하는 것이 큰 사랑이라 생각한다면 반드시 부작용이 따라 올 것입니다. 바로 그 사랑의 기준이 자신을 희생하며 자기의 유익과 안위를 내려놓고 하는 것이기에 다른 이들에게도 섬김이의 자세로 그것을 요구하게 될 수 있기 때문입니다.

_본문 중

이제 자신을 향한
서툰 사랑을 시작해 봅니다

자신을 사랑한다는 것을 막상 실천하려니 어려울 수 있습니다. 그렇다면 자녀나 사랑하는 배우자를 떠올려 보시기 바랍니다. 우리는 사랑한다면 원하는 것을 주고 싶어 합니다. 능력 안에서 최고의 것을 주고 싶어 합니다. 그렇다면 하나님께서 당신에게 주신 자유의지로 당신 자신을 위해 줄 수 있는 최고가 무엇일까요? 다음의 질문에 답을 해보시기 바랍니다.

하나님은 이 세상을 창조하시며 통치하고 계시는 분입니다.
그분이 당신의 아버지 십니다.
그런데 그분은 유일한 신이 십니다.

이 시간도 당신의 모든 것을 보고 계시고 함께 느끼고 계십니다.

그런데 그분은 전능자이시며 지혜 그 자체이십니다.

그분은 당신에게 무엇이 필요한지도 알고 계십니다.

지금까지의 질문에 "네 압니다."라는 답변을 했다면

당신의 아버지가 당신이 직접 찾아와 구할 때까지 기다리고 계신다는 것 또한 알고 계시나요?

> 너희 중에 아버지 된 자로서 누가 아들이 생선을 달라 하는데 생선 대신에 뱀을 주며 알을 달라 하는데 전갈을 주겠느냐
>
> _누가복음 11:11-12

하나님은 당신을 인격적으로 대하십니다. 즉 선택은 우리의 몫으로 주셨다는 것입니다. 당신의 힘듦을 당신의 문제를 가장 잘 알고 계시고 해결하실 분이 하나님밖에 없음을 인정하셔야 합니다. 그리고 아버지로 생각한다면 믿어진다면 당신의 모든 것을 아버지와 함께 나누어야 합니다.

당신의 삶의 열쇠는 아버지와의 교제에 있습니다.

당신의 유일한 도움 되시는 하나님 아버지와의 교제를 가장 우선순위로 두시기 바랍니다. 그동안의 타인과의 교제에

서 위로받고 이해받고 격려받고 도움 받기를 원했던 당신은 주변에 많은 도움을 요청하며 당신의 지혜와 지식 안에서 당신이 할 수 있는 노력을 했지만 해결되지 않고 여전히 힘들었기에 하나님을 찾았을 것입니다. 그렇다면 이제 그 순서를 바꾸시기 바랍니다. 하나님을 향해 찾고 두드리고 구하시기 바랍니다. 하나님에 대한 신뢰와 믿음이 있다면 당신은 제일 먼저 하나님을 찾을 것이고 기도 할 것입니다. 그리고 조급함을 내려놓으시기 바랍니다. 우리의 조급함은 하나님이 일하실 것이라는 믿음의 부족함에서 나오기 때문입니다.

하나님은 그날 그 순간 당신에게 무엇이 필요한지를 알고 계십니다. 그렇기에 당신이 하나님의 전능하심을 믿고 당신을 가장 사랑하심을 또한 믿으며 당신을 가장 긍휼히 여기시는 아버지임을 확고히 믿는 다면 당신은 가장 먼저 하나님을 찾아 구하고 하나님이 일하실 것을 또한 믿으며 인내할 것입니다. 하나님이 아닌 다른 사람들 즉 당신의 판단으로 당신에게 도움을 줄 만한 사람들을 먼저 찾는다는 것을 하나님 입장에서 어찌 보일지 생각해 보시기 바랍니다. 하나님의 능력이 그들 보다 못하다 생각하나요? 하나님이 그들보다 당신을 긍휼히 보지 않는다 생각하나요? 아니면 믿음 없어 보이는 당신의 모습 때문에 당신의 잘못 때문에 하나님을 실망시켜

드렸기에 하나님이 당신을 돕지 않으실 거라 속단하시는 건가요? 그렇다면 회개를 먼저 하시고 구하시기 바랍니다. 당신의 잘못을 느낀다면 그건 당신이 하나님 앞에서의 정결의 맘이니 회개하시고 도와 달라 이 상황에서 구원해 달라 구하시기 바랍니다. 성경에 수많은 이야기를 통해 알게 되는 것이 있습니다. 하나님과 깊은 관계를 했던 인물들도 죄를 짓고 회개하고 용서받았다는 것입니다. 진정한 회개를 받으시지 않는 하나님이 아니십니다. 당신을 용서하지 않을 아버지셨다면 예수님은 당신 때문에 십자가를 지지 않으셨을 것입니다.

> 너희는 무엇을 먹을까 무엇을 마실까 하여 구하지 말며 근심하지도 말라 이 모든 것은 세상 백성들이 구하는 것이라 너희 아버지께서는 이런 것이 너희에게 있어야 할 것을 아시느니라
> 다만 너희는 그의 나라를 구하라 그리하면 이런 것들을 너희에게 더하시리라 _누가복음 12:29-31

당신을 향한 서툰 사랑의 시작은 당신 스스로가 하나님을 찾도록 하는 것입니다. 그렇기에 당신의 하루에도 여러 번 일어나는 세상과 당신의 육의 본성과 정욕의 유혹 앞에서

'아냐 하나님을 생각하자. 하나님께 기도하자!'

결단하고 바로 기도하며 하나님을 떠올려 기도해야 합니다.

'하나님 이 시간도 제가 하나님의 뜻을 따라 살아가고 선택하게 해 주세요. 전 너무나 나약하기에 하나님을 찾습니다.'

하나님을 향해 시선을 돌리어 당신의 삶을 내어드리는 것이 당신 스스로를 사랑하는 첫 번째 방법입니다.

아픈 당신을 위해 의사를 찾고, 위로받기 위해 사람들을 만나고, 즐거움을 위해 함께 할 모임을 찾듯 당신은 당신을 사랑하기 위해 하나님을 찾아야 합니다. 왜냐하면 우린 무엇을 배우고 싶을 때 최고의 선생님에게 배우고 싶어 하기 때문입니다. 당신을 향한 하나님의 사랑이 그 누구의 사랑과도 비교 안 되는 최고의 사랑이므로 사랑은 그분을 통해 배워야 합니다. 그래야 다른 이들을 예수님의 사랑으로 사랑할 수 있기 때문입니다.

4

성숙한 내가 되는 길

° 성숙한 내가 되길 소망합니다

° 먼저 존중할 수 있어야 합니다

° 스스로의 노력이 먼저입니다

° 가정은 당신의 사역지입니다

성숙한 내가 되길 소망합니다

에제르의 역할을 깨닫고 에제르가 사명이 된 저는 남편과
의 멀어진 관계를 위해 매일 밤 끊임없이 기도했습니다. 때
론 눈물을 흘리며 지나온 시간 안에서 내게서 남편을 멀어지
게 했던 나의 언행을 떠올리며 회개하고 어서 빨리 회복되길
기도했습니다. 그러나 나 스스로도 느끼고 주변의 사람들도
느끼는 나의 변화를 남편은 바로 인정해 주질 않았습니다.
언제든 저의 본성으로 돌아갈 거라 말하며 지나온 시간 안에
쌓인 아내에 대한 기억들로만 바라보려 했습니다. 그러나 그
또한 제가 감당할 몫이었습니다. 하나님께 회개한 것이 사실
이고 나의 기도대로 부부가 하나가 되길 원한다면 인내하며

기다려야 함을 알았지만 제 기준에 더딘 것 같아 속상해하고 아버지께 툴툴대기도 했습니다. 그러나 기도를 멈추지 않았습니다. 아니 기도를 계속하게 하셨습니다.

아직도 그날의 기억이 생생합니다. 남편과 함께 주일예배를 드리는 도중이었습니다. 어제 있었던 시댁모임이 떠오르며 마음이 힘들어졌습니다. 저는 남편에게도 시부모님에게도 친정식구들에게도 누군가와의 관계에 있어서 애쓰고 수고하고 노력을 해야지만 사랑을 받는데, 동서는 안 하고 못하는데도 모두에게 사랑받고 예쁨 받고 작은 거라도 할라치면 '네가 뭘 할 줄 아니'하며 주변에서 오히려 못하게 하며 귀히 여기는 것을 보며 너무나 슬펐습니다. 그럴 때면 늘 이런 생각이 따라왔습니다.

'날 낳은 엄마도 날 버렸는데...'
그 슬픈 마음을 그대로 주님께 드렸습니다.

'아버지 전 왜 애쓰고 무언가를 해야지만 인정받고 사랑받나요? 저는 왜 존재자체로 사랑받지 못할까요?'
그때 들린 하나님의 음성에 예배 중 통곡을 하고 말았습니다.

'딸아 내 사랑만으론 안 되겠니?'

하염없이 흐르는 눈물에 많은 것이 씻기었습니다.

'네 아버지... 아버지 사랑만으로 충분합니다.'

그 시간 이후 저는 결단했습니다. 다른 사람의 사랑을 받으려 애쓰지 않겠다고, 그 헛된 일에 나의 정서와 열정을 쏟지 않겠다고, 매일매일 순간순간 올라오는 생각들을 쳐내며 기도하며 훈련을 했던 기억이 납니다. 그렇게 훈련하듯 생활하다 보니 더 이상 다른 사람의 말에 휘둘리지 않는 저를 보게 되었습니다. 자존감이 회복되고 있었습니다. 그러던 어느 날 깨닫게 된 것이 있습니다.

나를 존중하지 않는 남편으로 인해 온전히 하나님만을 의지하고 있었던 것입니다. 그동안 남편에게 존중받았다면 저의 허물과 고쳐야 할 것을 깨닫지 못했을 것입니다. 모든 것을 남편에게 말하고 위로받으므로 남편을 의지했을 것이고 그렇다면 전 하나님을 의지하지도 기도하지도 않았을 것이라는 사실을 알게 된 것입니다.

더 성숙한 제가 되기 위해 버려야 할 것과 채워져야 할 것이 있었는데 그 노력을 하게 된 계기가 바로 주변의 말을 인정하게 된 때였습니다. 변화하기로, 노력하기로 결단한 계기가 저를 향한 비난과 질책을 객관적으로 받아들이게 된 때였습니다. 우리는 자신에 대한 부정적인 시각 즉 비난과 질책을 들으면 맘이 꽤나 불편합니다. 심한 경우 그 사람과 손절하고 싶어 집니다. 그리고 그 사람의 단점을 떠올리며 '너나 잘하세요!'라고 말하곤 합니다. 그러나 성숙한 사람들의 반응은 다릅니다. 자신을 향한 비난과 질책을 객관적으로 받아들입니다. 감정의 거품을 거두고 그 말에 집중합니다. 그리고 맞는지 곰곰이 생각합니다. 생각해 보니 그 말을 한 사람이 더 있었음을 한 두 번 들은 것이 아님을 깨닫게 되자 스스로와 의논합니다. 나의 이런 점 때문에 힘들고 상처받는 상대를 위해 내가 고치려는 의지를 실행할 것인지를 말입니다.

사람은 잘 안 변합니다. 자신의 의지가 굳건해야 하는데 작심삼일입니다. 스스로는 불편한 게 없는데 왜 고쳐야 하는지 납득이 잘 안 됩니다. 나뿐만 아니라 그 상대방도 고쳐야 할 점이 있는데 말입니다. 그러나 우리는 그리스도인입니다. 어딜 가든 누구를 만나든 사랑하려 노력해야 한다는 것입니다. 나의 모습 때문에 사랑하는 상대가 힘든 것을 보게 되었을 때 사이가 불편해 짐을 느꼈을 때 우리는 의지를 발동해야 합니다. 나의 결단과 노력 없이 변화될 수 없음을 아서야 합니다. 나를 변화시켜 달라 예수님께 기도하며 내가 할 수 있는 노력

(말투, 표정, 행동)을 해야 변화됩니다.

　당신을 향한 비난과 질책이 여러 사람에게서 같은 내용으로 들린다면 주 앞에 가져와 기도하시기 바랍니다. 그리고 노력하시기 바랍니다. 그 노력이 상대에 대한 사랑의 표현인 것입니다. 그리고 후에 모두가 알게 됩니다. 사람이 바뀌는 것이 얼마나 어려운데 그 어려운 일을 해낸 당신을 인정할 것입니다. 그리고 상대방도 당신을 위해 노력하게 될 것입니다. 당신이 먼저 변화되세요! 그 말을 이렇게 바꿔 보겠습니다.

당신이 먼저 사랑하세요! 변화하려는 당신의 노력은 상대에 대한 존중이며 사랑입니다.

당신을 향한 비난과 질책이 여러 사람에게서 같은 내용으로 들린다면 주 앞에 가져와 기도하시기 바랍니다. 그리고 노력하시기 바랍니다. 그 노력이 상대에 대한 사랑의 표현인 것입니다.

_본문 중

먼저 존중할 수 있어야 합니다

우리가 배우자와 의견이 다를 때, 어떤 결정에 있어서 나의 의견을 들으려 하지도 않고 자신의 뜻대로 하며 통보식으로 전해지는 일들 안에서 상처를 받곤 합니다. 그 결정이 아주 작은 일이든 큰일이든 그것은 싸움의 원인이 될 수 있습니다. 왜냐하면 그동안 힘들고 그로 인해 다툼으로 이어졌던 이유가 바로 '서로에 대한 존중'이 없었기 때문입니다. 상대에게 화난 감정을 이야기하고 나와 상의해 달라 부탁도 해보고 나의 아픈 심정을 들려주며 다음번엔 이런 일이 반복되지 않길 바라지만 상황과 이유만 다를 뿐 똑같이 싸우게 됩니다. 이유는 다른데 내가 느끼는 속상함은 같습니다. 이것은 그 이유 때문이기보다는 존중의 문제일 가능성이 매우 높습니다. 다른 의사지만 결정을 함에 있어서 서로를 이해시키고 납득시켜야 할 때 성숙하지 못한 태도로 상대방보다 좀 더 높은 언성을 내며 주장하거나 자신과 다름에 말할 가치를 못 느낀다며 그 자리를 뜨거나 대화를 거부하는 행동 모두엔 상대에 대한 존중이 없는 것입니다.

이렇듯 존중의 문제였음을 깨닫게 된 당신은 존중받아야겠다 생각해 배우자에게 존중을 요구하거나 나를 존중해 달라 부탁할 수도 있습니다. 그 사람이 성숙한 사람이라면 그 부탁을 들어줄 것입니다. 그러나 그렇게 성숙한 사람이었다면 애초에 당신이 존중을 못 느낄 정도로 당신을 대하지는 않았을 것입니다. 그렇다면 존중은 포기해야 할까요? 아니요 당신의 주님의 자녀입니다. 포기는 세상의 단어입니다. 하나님의 자녀로서 불가능이란 없음을 아셔야 합니다. 왜냐하면 부부가 하나 되라고 하신 것은 하나님의 뜻이기 때문입니다. 당신은 존중받을 수 있고 또 존중하는 성숙한 아내가 될 수 있습니다.

어떤 작품에서 아버지가 딸에게 이렇게 말하는 것을 들었습니다.

존중은 얻어내는 것이다.

그렇다면 존중은 상대가 노력해야 할 부분인데 왜 내가 먼저여야 할지 의문이 들 수도 있겠습니다. 살아오며 경험을 한 우리는 상대방에게서 나에 대한 존중이 느껴지지 않을 때 감정이 상하고 실망하므로 그 사람과의 관계에 마침표를 찍고 싶습니다. 그런데 이상하게도 지나온 관계 안에서 마침표를 찍고 싶은 관계가 너무나 많아진다는 것입니다. 그 이유는 정당합니다. 나를 무시하는 것 같고, 나의 의사를 존중하지 않는 것 같기 때문입니다. 당신은 그 관계의 유지 여부를 선택할 수 있습니다. 당신을 너무나 힘들게 하고 당신의 정서와 삶에 직간접적으로 나쁜 영향을 끼친다면 정리하는 것이 맞습니다. 왜냐하면 당신은 당신 스스로를 보살피고 보호해야 하는 사명이 있기 때문입니다. 그러나 만약 당신이 달라지므로 그 관계가 더욱 좋아질 수도 돈독해질 수도 있다면 기도하며 노력해 보시기 바랍니다.

　확실하게 말씀드릴 수 있는 것은 이 노력이 당신의 삶을 바꿔 놓을 것입니다. 당신은 많은 사람들의 모범이 될 것입니다.

우리가 해야 할 노력은 우리가 바라는 상대의 성숙함을 내가 먼저 갖추는 것입니다.

당신이 존중받을 사람 즉 상대가 존중할 만한 사람이 먼저
되어야 합니다. 그런데 존중받을 만한 사람의 모습을 세상의
기준으로 보아서는 안됩니다. 더 많은 지식을 갖거나, 더 많
은 권력을 갖거나, 더 많은 부를 가지는 것이 존중을 받아 낼
방법이라 생각하시면 안 된다는 말입니다. 당신은 권력자 또
는 부자라면 존중을 하십니까? 아니죠 당신이 존중할 만한
사람은 어떤 사람일까요? 네 성숙한 사람입니다. 성숙한 사
람은 당신을 이미 존중하며 대하기 때문입니다 그러니 그런
사람에게 당신은 기꺼이 존중할 수 있는 것입니다. 존중을
받을 만한 사람이 되시기 바랍니다. 그러기 위해 당신의 노
력이 먼저 필요합니다.

스스로의 노력이 먼저입니다

내가 상대하는 사람이 늘 성숙한 사람일 수만은 없고 세상
엔 그렇게 성숙한 인품을 가진 사람들이 많지 않음을 우리는
알고 있습니다. 여기서 중요한 것은 우리가 존중받을 만한
사람이 되어야 한다는 것입니다. 우리의 인품이 훌륭해져야
한다는 것인데 우리는 그리스도인으로서 예수님의 성품을
조금씩 닮아가며 점점 더 성숙해져 가야 한다는 뜻입니다.

그렇게 성숙해지는 영혼은 존중받으려 애쓰기보다 나와
다른 사람들을 존중하려 애쓰게 됩니다. 그렇게 어떤 상대를
만나든 존중하는 영혼은 누구에게나 존중을 받습니다. 그것
이 원수여도 말입니다. 내가 먼저 상대를 존중할 때 그도 존

중하는 법을, 표현을 배울 수 있는 것입니다.

　당신은 당신의 아름다움을 지켜내기 위해 참으로 많은 노력을 기울였습니다. 화장품을 고르고 시술과 수술을 받기도 하며 당신의 외모와 아름다움을 위해 각자의 관심의 깊이와 방식에 맞게 적극적인 노력을 해왔을 것입니다. 이는 남편에게 변함없는 사랑을 받기 위함이거나 당신 자신의 아름다움을 위함이거나, 외모가 곧 당신의 능력 중 하나라고 생각하기 때문일 수도 있겠습니다. 아름다움을 위해 노력한다는 것은 성실함의 표현일 것이며 노력의 하나로 볼 수 있습니다. 그런 시각에서 보자면 당신의 외모에 대한 노력은 매우 긍정적이라 생각되어집니다.

　여기서 저는 이 질문을 드리고 싶습니다. 그렇다면 당신은 당신의 인품(내면의 모습)을 위해 어떤 노력을 기울이시는지 말입니다. 매일 노화를 방지하고자 자외선 차단제를 바르듯 당신 안의 죄성을 방지하고자 어떤 노력을 하시나요? 더욱 크고 또렷한 눈매를 위해 세심하게 아이라이너를 그리듯 당신의 부드러운 눈매를 위해 어떤 노력을 하시나요? 더욱 생기 있고 사랑스런 페이스를 위해 당신에게 잘 어울리는 색조를 찾아 바르듯 당신의 아름답고 부드러운 얼굴에 어울리는 표정을 갖기 위해 어떠한 노력을 기울이시나요? 당신의 의상과 어울리는 립스틱을 골라 바르듯 당신의 아름다운 입술과 어울리는 말투를 위해 어떤 노력을 하시나요? 당신의 아름다움을 극대화시키기 위해 심사숙고해 고른 아름다운 의상만큼 우아한 태도를 위해 얼마나 노력하고 계신가요? 매일 거울을 보며 더 깊어진 눈가와 팔자 주름을 안타깝게 바라보는 당신은 당신의 인품을 보고 어떤 생각이 드시나요? 당신의 외적인 아름다움이 당신의 노력과 시간과 열심을 통해 완성되었다는 사실을 알게 된 당신은 이렇게 외칠 것입니다.

"아! 나의 내면도 노력으로 얼마든지 아름다워질 수 있구나! 그래 이젠 나의 내면의 아름다움을 위해 노력해야겠어!"

외면의 아름다움을 위해 당신이 기꺼이 쓴 시간과 열정을 내면을 위해 쓰신다면 당신은 내일 더욱 성숙해진 당신을 보게 될 것입니다. 내면을 가꾸는 것이 외모를 가꾸는 것보다 어렵지 않습니다. 처음 눈썹을 그리고 아이라이너를 그리던 때를 떠올려 보시기 바랍니다. 손은 덜덜 떨리고 울퉁불퉁한 실패를 통해 아름다운 눈매를 갖게 된 당신을 떠올려 보시기 바랍니다. 내면의 아름다움이 외적인 아름다움 보다 더 어렵다 느껴지는 것은 아직 열심을 내보지 않았기 때문입니다.

당신의 아름다움과 개성을 잘 표현할 수 있는 지금의 외모를 그동안의 연구와 실습의 시간을 통해 이룰 수 있었듯 내면 또한 당신의 고민과 연습과 실천을 통해 이룰 수 있는 것입니다. 그리고 내면을 위한 노력은 당신 혼자 하지 않습니다. 예수님께서 당신과 함께하시며 지혜 주시고 바로잡아 주시며 코칭해 주실 것이기 때문입니다.

그 훈련의 시간을 스스로 견디며 애쓴 당신은 화장기 없는 얼굴에도 빛이 나게 될 것입니다. 맨얼굴에 립스틱 하나 바른 당신을 보고 아름답다 말하는 주변의 이야기를 듣게 될 것입니다. 그리고 성숙해져 가는 당신의 주변엔 평안이 깃들 것입니다.

당신의 남편은 언제부터인가 달라진 당신 때문에 자신이 평안과 유익을 누리고 있음을 인정하게 될 것입니다. 주변에선 당신에 대한 칭찬이 쏟아집니다. 많은 이들에게 존중과 존경을 받는 아내를 보게 됩니다. 집에서 여유와 평안이 느껴집니다. 더 이상 당신은 당신의 남편이 알던 과거의 당신이 아닌 것입니다. 너무 편한 나머지 때론 무시할 수 있는 사람이 아닌 것입니다. 과거엔 잔소리로 들리던 당신의 권면이 이젠 지혜로 들립니다. 그리고 의논을 합니다. 당신이 기도하는 아내요, 지혜로운 아내임을 알기에 당신과 함께 나누길 바라고 기도를 부탁합니다. 이렇게 당신을 필요로 하게 됩니다.

자 이제 우리는 알고 있습니다. 우리가 해야 할 바를 말입니다. 우리 스스로의 노력과 훈련의 시간이 먼저이고 그렇게 준비된 우리는 비로소 에제르로서의 사명을 아름답게 감당하게 될 것입니다.

에제르로서 준비가 되어 간다는 것은 다른 말로 진정한 그리스도인이 되어 간다는 뜻일 것입니다. 이 책을 선택한 당신은 부부와 가정에 대한 소망이 있었기에 읽어가며 아마도 에제르로서의 사명을 소망하며 기도했을 것입니다. 그런데 당신은 더 큰 일을 해내고 계십니다. 바로 하나님과의 깊은 관계, 즉 아버지와 자녀의 참된 관계를 통해 변화된 삶에서 예수그리스도를 증거하고 있다는 것입니다. 교회 봉사와 헌신 등의 열심을 낸다 하여 하나님과의 깊은 교제를 하는 것은 아닙니다. 당신은 하나님의 일꾼이기 이전에 자녀로 이 세상에 보내졌습니다. 하나님과의 깊은 관계 그 교제의 시간이 다른 열심 때문에 미뤄진다면 당신에게 유익일까요? 일부는 이런 우려를 할 수도 있겠습니다. 그럼 교회 일은? 봉사는 헌신은 누가 하느냐? 그 또한 염려할 것이 없습니다. 하나님과의 참된 관계 속에서 깊은 교제를 하는 성숙한 자녀들은 봉사와 헌신을 예수님께 감사함으로 자원하여하게 됩니다. 그렇게 성숙하고 건강해진 일꾼들은 더욱 건강한 교회를 만들어 가게 됩니다. 주님과의 깊은 교제 안에서 성령님이 일하시므로 변화 되고 능력 받은 일꾼이 되어 가는 것입니다. 이렇게 성숙해진 그리스도인의 주변은 시끄럽지 않습니다. 기쁘고 감사가 넘치고 밝고 아름답고 평안합니다. 잠시 주변을 잠잠히 바라보시기 바랍니다. 나 때문에 시끄럽고 소란스러운지 평안하고 웃음과 기쁨이 넘치는지 우리가 진정한 그리스도인이 되어 간다는 증거가 이에 있습니다. 왜냐하면 하나님이 우리에게 주시려는 것은 기쁨과 평안이기에 우리를 통해 흐르도록 하시기 때문입니다.

당신의 아름다움을 극대화시키기 위해 심사숙고해 고른 아름다
운 의상만큼 우아한 태도를 위해 얼마나 노력하고 계신가요? 매
일 거울을 보며 더 깊어진 눈가와 팔자 주름을 안타깝게 바라보
는 당신은 당신의 인품을 보고 어떤 생각이 드시나요? _**본문 중**

가정은 당신의 사역지입니다

교회 일에 너무나 열심인 교육자분들과 직분자분들을 뵈면 존경심이 생깁니다. 어쩜 저렇게 헌신할 수 있는지 하나님을 깊이 사랑하고 계심이 느껴집니다. 그런데 가끔 가정의 모습은 평안하지 않아 보입니다. 목사님을 향한 사모님의 모습, 사모님을 대하는 목사님의 모습, 교회에선 존경받는 장로님, 권사님이신데 부부의 모습이 자녀와의 관계가 힘들어 보이기도 한다는 겁니다.

물론 이 또한 하나님의 섭리 아래 하나님이 이끄시며 다루실 일 즉 하나님의 주권에 있기에 섣불리 말해서도 비판이나 판단을 해서도 안 됨을 우리는 알고 있습니다. 제가 말하고자 하는 포커스는 '나의 가정사역'을 위해 어떤 노력을 하고 있느냐입니다. 교회에 헌신하고 열심히 하면 자녀들은 하나님이 책임져 주신다는 이야기를 많이 듣곤 했습니다. 그렇지요 하나님 나라, 그리고 교회에 기뻐 헌신하는 영혼의 가정 대대손손 하나님께서 복 주실 것임을 저희는 알지요 그것은 하나님 주권의 이야기이고 그렇다면 우리 스스로는 우리가 가정을 위해 어떤 노력을 하는가입니다. 자신에게 주어진 24시간이란 시간에서 일하는 시간, 자고 쉬는 시간, 봉사와 헌신의 시간을 뺀 나머지의 시간 동안 남편과 자녀들을 위해 어떤 노력을 하시는가 말입니다. 혹시 일하고 봉사와 헌신하고 방전된 체력으로 가족들에게 힘들다 말하며 이해해 주길 바라지는 않나요? 교회에서 받은 사명은 기쁘고 힘이 나는데 왜 가정을 위한 사역은 힘이 들까요? 아니 자신의 사역이라는 생각이 들지 않는 걸까요?

우리 중 모태신앙인 분들도 계실 것입니다. 부모님의 헌신과 봉사가 자녀들에게 믿음의 본이 되는 경우도 있지만 반면 교회에 대한 반감을 주거나 하나님을 향한 오해를 불러오는 것을 우리는 직. 간접적으로 경험을 해 보았을 것입니다. 왜 그런 반감이 생긴 것일까요? 자신을 향한 열심보다 교회에 열심인 배우자, 부모를 통해 예수님의 사랑을 느끼지 못했기 때문입니다. 배우자와 하나 되는 것, 자녀들과 함께 예수님을 바라보는 가정사역은 하나님께서 우리에게 주신 사명입니다. 우리 모두에겐 이 사명이 주어졌고 이 사명에 진심으로 열심히 하는 가정은 일부러 노력하지 않아도 세상에 예수그리스도의 향기를 내며 삶 자체로 복음을 전하게 됩니다. 그렇게 기쁘고 행복한 가정을 보며 수많은 영혼들이 그들이 믿는 예수님을 궁금해합니다. 가진 것이 많은 것도 아니요 권력이 있는 것도 아닌 저들이 행복한 이유가 무엇인지 물으려 찾아온다는 것입니다. 그때 당신의 가정은 예수님을 믿음으로 복음을 전하게 된다는 것입니다.

무엇이 먼저인지를 알아야 합니다. 엄마의 헌신과 봉사 때문에 자녀들을 희생시킨다면, 그런 자녀가 하나님을 알기를 거부한다면 하나님 앞에서 어떤 변명을 할 수 있겠습니까? 난 그 정도까진 아니다 생각하시는 분들이 계실 테지만 이건 정도의 문제를 논하는 것이 아닙니다.

당신의 가정사역을 위해 어떠한 노력을 하고 계신가에 관한 이야기입니다. 당신이 가정을 향해 중심을 돌리고 애써줌을 느낄 때 당신의 권면엔 힘이 실립니다. 나를 사랑하는 것이 느껴지지 않는데 사랑으로 권면한다 말한다면 상대는 거부권을 행사하며 이렇게 말할 것입니다.

'언제 우리를 사랑했어요? 하나님을 교회를 사랑했지?'

만약 이런 말을 듣는다면 무지 속상할 것입니다. 왜 교회에 그토록 헌신하고 기도 했는지 몰라서라고 다 가족들이 하나님께 복 받고 잘되길 바라서라며 섭섭해한다면 당장 그 섭섭한 맘을 내려놓으시기 바랍니다. 사랑은 표현입니다. 표현되어서 상대가 느낄 수 있어야 사랑인 것입니다. 혹시 말로만 하는 사랑을 하며 상대가 무조건 신뢰해 주길 바란다면 그것은 당신이 바뀌어야 합니다. 하나님은 당신의 남편 그리고 자녀들을 존귀히 여기시고 지극히 사랑하시기 위해 당신을 쓰시기도 하신다는 것을 아셔야 합니다. 즉 당신은 하나님의 귀한 사랑의 통로인 것입니다. 그렇게 당신을 통해 예수님의 사랑을 경험한 배우자와 자녀들은 언젠가 당신과 함께 사역을 하게 될 것입니다. 함께 교회에서 봉사하고 하나 됨으로 더 큰 비전을 품고 하나님께서 주신 달란트로 협력하여 그 비전을 이루어가게 될 것입니다.

당신의 권면이 영혼에 심긴 씨앗이 되어 언젠가 열매가 되어 하나님을 기쁘시게 해 드리길 소망한다면

그 권면을 사랑에 담아 전하세요.

당신의 남편과 자녀들이 당신의 사랑을 느끼고 있어야 당신의 권면이 들립니다.

5

Do it now!

° 행해야 할 때입니다

° 삶을 단순히 하는 작업이 필요합니다

° 하나님이 보이시지 않지만 대화하려 노력해야 합니다

° 하나님의 음성 듣기를 사모하시기 바랍니다

° 내일 하나님이 행하실 것을 믿는 것이 믿음입니다

° 여호수아, 갈렙의 믿음을 구하시기 바랍니다

° 하나님의 성품을 알수록 믿음은 깊어집니다

° 하나님이 당신 삶의 주관자이십니다

° 어린아이와 같은 믿음으로 기도하시기 바랍니다

° 응답의 씨앗이 믿음이 되어 자라 가고 있습니다

° 내려놓지 마시기 바랍니다

° 서둘러 하나님 편으로 옮겨 앉으시기 바랍니다

° 고난은 때론 응답의 과정입니다

° 준비가 곧 시작입니다

행해야 할 때입니다

누군가 사랑했던 때를 떠올려 보시기 바랍니다. 만남을 기대하고, 헤어지기 싫어 아쉬워하고, 다음 만남을 기대했던 그 사랑 가득했던 맘을 떠올려 보시기 바랍니다. 그와의 만남에 있어 방해받고 싶지 않고 설령 방해받더라도 어떻게 해서든 그 상황을 뚫고 다시 만나고 지치고 피곤해도 한 번 더 보고 싶어 애썼던 그 경험을 우린 해보았습니다.

자 그렇다면 당신은 당신이 사랑한다 고백한 하나님과의 관계를 위해 얼마나 애를 쓰고 있나요? 그 답은 매우 간단히 알 수 있습니다. 당신의 24시간, 유한하고 한정된 시간 안에

서 하나님과의 교제에 얼마만큼 할애하고 있는가를 생각해
보면 됩니다. 저의 질문에

"예배드리잖아요? 전 수요예배도 때론 새벽기도도 갑니
다."라고 말씀하실 수도 있겠습니다. 우린 누군가를 사랑하
게 되면 사랑하는 대상을 독점하고 단 둘이 있고 싶어합니
다. 지속적인 관계를 가지고 싶어 합니다. 그리고 그 대상에
게 관심과 칭찬을 받기 원합니다. 그런데 우리가 사랑한다고
고백하는 주님과의 독대의 시간은 이런저런 이유로 필요성
을 느끼지 못하고 있는 것입니다. 하나님이 교회에 가야지만
만날 수 있는 분이라 생각하는 것은 아닐 거라 생각합니다.

그렇다면 왜 당신은 어느 곳에서든 하나님을 찾지 않을까요?

왜 당신의 삶에서 하나님을 만나는 장소를 구분해 놓았을
까요? 왜 하나님이 늘 당신을 바라보고 당신의 목소리를 듣
고 싶어 한다는 생각은 못 하는 것일까요? 아니 알고는 있는
데 안하고 있는 걸까요?

취미 생활을 하며, 모임을 갖고. 드라마를 보고, 게임의 시
간은 더 더 있으면 하는데 하나님과의 교제의 시간은 왜 예배
시간만으로 만족할까요?

주님의 특별한 자녀가 되길 원한다면 당신의 삶으로 그분

을 초대하시기 바랍니다. 바쁠 수 있습니다. 그렇지만 당신은 압니다. 당신이 원한다면 시간을 만들 수 있다는 것을요.

취미 생활을 하며, 모임을 갖고. 드라마를 보고, 게임의 시간은 더 더 있으면 하는데 하나님과의 교제의 시간은 왜 예배시간만으로 만족할까요?

_본문 중

삶을 단순히 하는 작업이 필요합니다

하나님과의 교제를 위해선 당신의 24시간 그리고 삶을 단순히 하는 작업이 필요합니다.

당신에게 걸려오는 수많은 전화 중에 급한 것은 많지 않습니다. 그 시간만을 줄여도 당신은 오늘 하나님과 20분 이상 독대할 수 있습니다. 정말 필요한 모임과 외출을 빼고는 하나님과의 시간에 집중하시기 바랍니다. 수많은 모임에서 빠져나와 하나님만의 시간을 만드시기 바랍니다. 하나님께서 당신을 준비시킨 후에 보내실 공동체가 있음을 기억하시고 지금까지의 모임 중 성숙하지 못한 곳이 있다면 과감히 나오시기 바랍니다. 이런저런 목적으로 내지는 그 모임을 통해

얻게 될 유익을 기대해서 혹은 외로워서 혹은 사람 만나는 것을 좋아해서 등 모임을 하는 이유는 참 많습니다. 그중에는 배우자가 싫어하는 모임도 있을 것입니다. 스스로가 가기 싫어지고 다녀오면 불편한 모임이 있을 것입니다. 솔직한 이야기를 하자면 누군가의 욕만 하고 돌아오는 길에 마음의 불편함을 느끼고, 내가 참석하지 않는 날엔 다음 대상이 자기가 아닐까 불안한 모임도 있을 것입니다. 기도하며 곰곰이 생각해 보시고 과감히 모임을 줄이시기 바랍니다.

누군가에 대한 의지를 내려놓는 만큼 당신은 하나님을 더욱 의지 하게 될 것입니다. 전적으로 하나님만을 의지하게 될 것입니다. 그렇게 하나님과의 교제 안에서 주신 지혜로 더욱 성숙해진 당신은 혼자서 할 수 있는 것들이 많아질 것입니다. 그런 자신이 대견하고 멋져 보일 것입니다. 그렇게 하나님께서 당신에게 주신 능력을 하나하나 찾아가는 즐거움으로 시간 가는 줄도 모를 것입니다. 모임에 나가지 않으므로 불공평한 대우를 받거나 불이익을 받을 거라는 두려움은 어느새 사라집니다. 그리고 정말 중요한 것과 부수적인 것 그리고 하지 않아도 되는 것들이 명확히 보이며 당신의 시간뿐만 아니라 정서와 삶이 명료해짐을 느끼게 됩니다. 해야할 것과 하지 않아도 될 것 하지 말아야 할 것을 점점 더 명철

하게 구분할 수 있게 되는 당신은 그런 당신 스스로를 더욱 존중하며 귀히 여기게 될 것입니다.

그렇게 자존감이 높아진 당신은 하나님이 예비하신 공동체에 많은 것을 전하게 될 것입니다. 그리고 에제르의 몫도 거뜬히 소화해 내며 당신의 가정을 하나님이 기뻐 받으시는 작은 천국으로 만들어 갈 것입니다. 그런 성숙한 당신이 되기 위해 지금 당신의 집을 둘러보시고 하나님과의 '독대'의 시간에 적합한 장소를 만드시기 바랍니다. 그것이 방이어도 좋고 접이식 작은 테이블과 성경과 노트뿐이어도 좋습니다. 새벽이어도 좋고 늦은 밤이어도 좋습니다. 가족들을 섬기고 일을 하며 혼자만의 시간을 갖기에 좋은 시간을 하나님과의 시간으로 만드시기 바랍니다.

나의 육과 싸우고 유혹을 뿌리치며 하루하루 안에서 단 몇 분이든 하나님과의 교제를 이루어 가는 영혼에겐 하나님의 음성을 듣는 복이 임합니다. 하나님과의 독대의 시간에 성경말씀 또는 기독교서적 등을 보시며 묵상하시기 바랍니다. 영상보다 글을 잔잔히 읽으시길 권합니다. 그래야 글을 읽으며 잠시 쉬며 생각하고 잠시 쉬며 하나님께 기도하고 잠시 쉬며 찬양을 드리고 잠시 쉬며 하나님을 묵상할 수가 있기 때문입니다.

그리고 중요한 것이 있습니다. 당신은 지식을 얻고자 그 시

간과 열정을 쏟는 것이 아니니 하나님이 보이시지 않지만 대
화하려 노력해야 합니다.

지금 당신의 집을 둘러보시고 하나님과의 '독대'의 시간에 적합한
장소를 만드시기 바랍니다. 그것이 방이어도 좋고 접이식 작은 테
이블과 성경과 노트뿐이어도 좋습니다. 새벽이어도 좋고 늦은 밤이
어도 좋습니다. 가족들을 섬기고 일을 하며 혼자만의 시간을 갖기
에 좋은 시간을 하나님과의 시간으로 만드시기 바랍니다.   _본문 중

하나님이 보이시지 않지만
대화하려 노력해야 합니다

혼잣말이겠지만 나의 심정과 나의 상황을 아빠한테 이야기 하듯 다 하는 것입니다. 시시콜콜할수록 좋습니다. 자녀가 내게 와서 시시콜콜 이야기하는 모습을 보며 우린 자녀가 나를 신뢰함을 느낍니다. 당신도 하나님을 믿고 신뢰할수록 하나님을 사랑할수록 더 말하고 싶어집니다. 그렇게 하루하루 독대의 시간(혼자 중얼거리는 시간처럼 느껴질 테지만)을 보내며 어느 때부터 당신은 느낄 것입니다. 당신의 기도가 응답되었다는 것을, 하나님이 당신의 기도를 듣고 계셨다는 것을, 그렇게 하나님께서 하나님의 방법으로 당신에게 음성을 들려주고 계셨다는 것을, 그 기쁨은 말로 형언할 수 없습니다.

어느 땐 기도까지 올리지 않았던 당신의 작은 읊조림도 응답해 주심을 경험하게 될 것입니다. 무엇이든 솔직히 이야기하세요. 하나님은 당신의 마음까지 보고 계시므로 척하지 않아도 됩니다. 당신을 향해 더 멋진 말로 많은 지식으로 대화하라 하지 않으십니다. 당신의 목소리로 전하는 당신의 이야기가 좋으실 뿐입니다. 설령 고쳐야 할 것들이 있다면 그 또한 하나님의 때에 하나님이 하십니다. 그러니 부끄러워 마시고 아버지와 대화하세요.

하나님은 매 순간 당신을 사랑하시므로 당신의 목소리 듣길 기다리십니다.

처음엔 나 혼자만의 일방적인 교제인 것 같지만 얼마 지나지 않아 알게 됩니다. 하나님과 소통하며 교제하고 있음을요. 저의 권면이 구체적이진 않다 생각되실 수 있지만 경험을 하게 되면 알게 됩니다. 그러려면 더 이상 미루지 말고 하나님과의 독대의 시간을 확보하셔야 합니다.

이렇게 하나님과의 교제가 너무나 행복해 기쁜 삶을 살아가며 하루하루를 쌓아 가다 보면 당신이 놀라운 것을 이루고 있음을 발견하게 될 것입니다. 바로 당신이 경건한 삶을 살고 있다는 것을 알게 된다는 것입니다. 세상이 주는 쾌락과 즐거움은 더 이상 당신에게 유익이 되지 않음을 깨닫게 될 것이고 그러므로 세상의 유혹은 이제 더 이상 당신을 흔들어 놓지 못합니다.

내가 보지 않아도 늘 종알대던 티브이는 켜있는 시간보다 꺼있는 시간이 많아집니다. 당신에게 중요한 고요함 속에서 하나님과의 시간을 확보하기 위해 당신은 당신의 직무(일, 육아, 봉사 등)에 있어서 효율적인 업무처리를 위해 규칙을 만들고 실천하며 자녀들에게도 규칙적인 삶의 모범을 보이게 될 것입니다. 바깥일과 활동에 할애한 많은 시간과 열정으로 마음만큼 집을 가꾸지 못해 다소 정신없고 부산스럽다는 느낌이 들었던 당신의 처소는 깔끔하고 평온하며 향기가 날 것입니다.

그리고 구별된 삶 속에서 쓸데없는 시간 낭비와 감정의 소비를 하지 않는 당신을 발견하게 될 것입니다. 경건한 삶을 사는 것이 당신에겐 해당되지 않는 다 생각했을지 모르지만 어느새 당신은 경건한 삶을 살며 기뻐하고 있을 것입니다. 경건한 삶은 율법을 지키듯 일부러 애쓴다고 살아지는 것이 아니라 하나님을 사랑하고 그분과의 교제를 사모하는 삶 속에서 순종의 길을 가며 나도 모르게 거룩하고 경건한 삶을 살게 되는 것입니다.

이제 거룩하고 경건한 삶은 당신에게 더 이상 일이 아니라 기쁨인 것입니다.

하나님의 음성 듣기를 사모하시기 바랍니다

하나님의 음성을 듣는다는 것은 일부 좀 더 특별한 크리스천만이 누리는 것이라 생각할 수 있습니다. 그러나 절대 그렇지 않습니다. 내가 하나님의 자녀로서 아버지의 뜻을 따라 순종의 길을 가고 싶고 아버지와 친밀한 관계 속에서 깊은 관계를 소망하는 자녀들에게 즉 소망하는 자녀들에게 하나님은 주십니다. '나는 그럴만한 자격도 수준도 못돼.' 하면서 하나님이 하실 일을 '나는 안된다.'라며 선을 긋는 것은 아닌지 생각해 보시기 바랍니다.

저는 오래전 '하나님의 대사' 책을 읽고 하나님의 음성 듣는 소망을 가졌지만 이내 다 읽지도 않고 책을 덮었습니다. '어려워! 나한텐 일어나지 않아! 그분은 특별하니까 들으신 거야!' 라며 포기한 것입니다. 그러다 얼마 후 책을 다시 펼쳐 읽기 시작했습니다. 읽을수록 너무나 소망이 되었습니다. 그후 하나님의 음성을 들은 이야기의 기독 서적을 찾아 읽기 시작했습니다. 읽으며 그분들이 했던 방식을 통해 해 보는데 들리지 않았습니다. 포기하려던 때 이런 생각이 제 심연에서 올라왔습니다.

'넌 이미 내 음성을 듣고 있단다. 그렇지 않다면 그 글들은 어떻게 쓴 거라 생각하니?'

지난 수년간 묵상할 때마다 떠오른 것들을 적었던 노트를 펼쳐 보았습니다. 백 여개가 넘는 메모들을 보며 메모를 할 때마다 들었던 생각이 따라 올라왔습니다.

'이 깨달음은 하나님이 주신 거야. 내가 어떻게 이런 생각을 하겠어!'

한 메모 한 메모 하나님이 주신 영감이었으며, 그 메모는 가스펠에세이를 통해 작품이 되어 세상에 전해지고 있었습니다. 바로 그것이 하나님의 음성이었던 것입니다. 그렇다면 난 왜 하나님의 음성을 듣고 있으면서도 못 듣는다 생각했던 것일까 그 생각에 잠겼습니다. 그 답 또한 주셨습니다. 제가 생각한 방식으로 주시지 않으니 못 듣는다 생각했던 것입니다. 목소리로 들릴 거라 생각했고 그 목소리도 내가 상상했던 목소리로 기다린 것입니다. 그리고 내게 들려주실리 없다 생각하고 인내하지 못한 나는 나에 대한 하나님의 뜻을 다른 분들을 통해 들으려 했습니다. 목사님, 권사님 하나님께 열심인 분들을 통해서만 들으려 했던 것입니다. 그렇게 내게 주시는 하나님의 음성을 기대하지 않았던 것입니다.

여기서 전 하나님께서 일하시는 놀라운 비밀을 또한 알게 되었습니다. 바로 '하나님의 자녀맞춤식 교제'라는 것입니다. 하나님은 자녀들에게 음성 들려주시는 방법이 다 다르십니다. 앞서 우리를 만나 주신 방법도 다 달랐고, 교회로 이끄신 방법도 다 달랐으며, 고치시는 방법도 다 달랐던 하나님이 떠오르자 음성 들려주시는 방법도 다름을 받아들이게 된 것입니다. 그 자녀에게 맞는 맞춤식 방식으로 하나님은 우리를 만나주시고 교재해 주신다는 것입니다. 어떤 이는 목소리 같은 음성으로, 어떤 이는 글자가 떠오르는 이미지로, 어떤 이는 성경말씀으로, 어떤 이는 찬양 가사로, 어떤 이는 생각으로…….

그리고 성경의 나오는 많은 이야기, 그 이야기에 담긴 말씀들이 우리의 심령에 심겨있다가 어느 순간 음성이 되어 들려집니다. 그렇게 성령님께서 말씀을 떠올려 주시며 우리의 삶에서 실천되게 하심을 경험하게 됩니다.

하! 정말 놀라운 하나님 아버지 이심을 또다시 깨달으며 감사와 찬양을 올려 드렸습니다.

하나님의 음성을 듣고 있다 고백하는 분들의 책에 공통적으로 적혀 있는 것들이 있습니다.

바로 묵상의 시간을 갖는다는 것입니다. 조용한 가운데 성경과 책을 읽으며 묵상한다는 것입니다. 즉 하나님과의 교제를 위해 그분과 나만의 시간을 갖기 위해 시간을 내고 집중한다는 것입니다. 이 땅에 육신의 몸으로 오셨던 예수님 또한 하나님과의 깊은 교재를 위한 혼자의 시간을 위해 고요한 곳을 향하곤 하셨습니다.

> 무리를 보내신 후에 기도하러 따로 산에 올라가시니라 저물매
> 거기 혼자 계시더니 _마태복음 14:23

하나님께 순종하는 삶을 살고 싶고, 하나님의 음성을 듣고 싶고, 소망한다면 하나님의 뜻을 구하며 기도함에 앞서 내가 할 수 있다는 힘을 빼세요. 나의 상상, 기대감, 지혜, 지식

들을 내려놓으세요. 세상의 지식으로, 당신의 지혜로 즉 당신이 할 수 있는 일이었다면 간절히 구하지도 않았을 것입니다. 하나님께 온전히 맡기셨다면 인내하며 기도하고 주시는 뜻대로 움직이세요. 그리고 음성을 주실 때 내게 직접 주실 수도 있고, 누구와의 대화 도중 느껴지게 하실 때도 있고, 찬양을 들을 때 들리게 하실 수도 있습니다. 내가 원하는 방식이 아니라하여 계속해서 들리는 음성을 거부하지 않으시기 바랍니다.

우리는 연약하고 나약한 인간이기에 음성 듣기 위함과 함께 하나님께 구해야 할 것이 있습니다. 바로 분별의 지혜입니다. 음성을 듣는다 하여 모두 하나님의 음성이라 생각하면 위험합니다. 왜냐하면 어둠의 영 또한 흉내 낼 수 있으며 호시탐탐 우리를 꾀고자 노력하기 때문입니다. 그러므로 분별의 지혜를 함께 달라 구해야 합니다. 그리고 하나님의 음성이라는 생각이 강하게 든다면 반드시 확증의 단계를 거쳐야 합니다.

'하나님 나의 아버지 이것이 하나님께서 주신 말씀이 맞다면 확증해 주세요! 제가 거부할 수 없도록 확증해 주세요. 저는 나약하고 연약하기에 아버지께 확증을 구합니다.'

그리고 확증을 받을 때까지 서두르지 말고 평안 속에서 기다리시기 바랍니다. 그 시간 안에서 갈수록 평안보다 조급함과 두려움이 더 깊어지며 빨리 실행하라 내 맘을 부추긴다면 그건 어둠의 메시지일 가능성이 매우 높습니다. 왜냐하면 하나님께서 우리에게 원하시는 것은 평안이지 재앙이 아니라 하셨기 때문입니다. 그리고 확증을 구하고 기다리며 내 마음의 상태 또한 유심히 보시기 바랍니다. 그 마음의 상태가 하나님의 성품을 닮았는지 어둠이 주려는 것과 닮았는지.... 확증을 구하며 하나님의 성품을 떠올려 보세요. 나를 그토록 사랑하시는 아버지의 성품을 떠올려 보세요, 그렇게 확증을 구하신다면 확증 또한 주실 것입니다.

여호와의 말씀이니라 너희를 향한 나의 생각을 내가 아나니 평안이요 재앙이 아니니라 너희에게 미래와 희망을 주는 것이니라 너희가 내게 부르짖으며 내게 와서 기도하면 내가 너희들의 기도를 들을 것이요 너희가 온 마음으로 나를 구하면 나를 찾을 것이요 나를 만나리라 _예레미야 29장 11-13

내일 하나님이 행하실 것을 믿는 것이 믿음입니다

하나님의 성품을 알아갈 때 우리의 믿음은 깊어집니다. 고난 앞에서 흔들림이 없습니다. 삶에서 아버지를 알아갈수록 지혜가 쌓이며 비로소 평안을 누리게 됩니다. 문제가 해결되고 환경이 확 달라진 것도 아닌데 난 평안을 느끼고 내가 평안하므로 가정과 공동체가 평안해집니다. 여기서 '내가 달라진다는 것'은 지금까지 당신의 삶이 바뀌는 것도 의미합니다. 당신이 바뀌면 삶도 달라집니다. 그 가장 큰 변화는 하나님께서 당신의 삶의 진정한 주인이 되신다는 것입니다. 모든 것을 하나님과 나누는 당신이 되는 것입니다. 그렇게 당신은 당신의 삶에서 하나님의 사랑받는 딸임을 증거 하게 될 것입니다.

믿음이 없이는 하나님을 기쁘시게 하지 못하나니 하나님께 나아
가는 자는 반드시 그가 계신 것과 또한 그가 자기를 찾는 자들에
게 상 주시는 이심을 믿어야 할지니라
믿음으로 노아는 아직 보이지 않는 일에 경고하심을 받아 경외
함으로 방주를 준비하여 그 집을 구원하였으니 이로 말미암아
세상을 정죄하고 믿음을 따르는 의의 상속자가 되었느니라
믿음으로 아브라함은 부르심을 받았을 때에 순종하여 장래의 유
업으로 받을 땅에 나아갈새 갈 바를 알지 못하고 나아갔으며

_히브리서 11:6:8

당신은 에제르로서 부모로서 사명자로서 직분자로서 사역
자로서 하루하루를 살아가고 있습니다. 그 모든 역할과 책임
에 있어서 가장 필요한 것은 바로 '믿음'입니다. 믿음이 없이
는 하나님을 기쁘시게 못 한다는 말은 믿음이 있어야 하나님
이 기뻐하신다는 말이기도 합니다. 하나님이 신이시고 나의
아버지시고 예수님이 하나님의 아들로서 이 세상에 보내지
셨고 십자가에 달려 돌아가셨고 부활하신 후 승천하셨다는
사실을 믿는 것은 '그 사실을 안다'의 의미가 큽니다. 진정한
믿음, 하나님이 기뻐하시는 믿음이란 완료가 없는 미래 진행
형의 시제여야 합니다. 하나님의 자녀로서 하나님을 믿는다
는 것은 아직 일어나지 않았지만 하나님의 일하실 것임을, 이
루어 주실 것임을 믿는 것입니다.

노아는 '아직 보이지 않는 일'이지만 하나님의 말씀을 믿고 순종해 실행하고 노력했습니다. 아브라함은 갈 바를 알지 못했었지만 나아갔다 하였습니다. 그것도 당장의 유익이 아닌 '장래의 유업으로 받을 땅'이었습니다. 세상의 방식인 딜(Deal)과는 엄연히 다른 것입니다. 아브라함과 노아는 하나님을 믿었기에 하나님의 약속을 믿은 것입니다. 그런 자녀에게 하나님은 복을 예비하시고 순종의 길을 갈 때 부어주십니다.

하나님과 교제하고 음성을 듣고 순종하며 나아가는 자녀는 경험합니다.

하나님은 계획하시고 소망 주시고 기도케 하시고 응답하시고 전하게 하시고 영광 받으신다는 것을요

그러니 믿음의 자녀들은 당장 이루어질 것 같지 않은 일, 불가능해 보이는 일이라 할지라도 순종하며 걸음을 내딛는 것입니다.

저 또한 지금 이루어지지 않았지만 하나님의 약속에만 기대어 순종하는 일이 있습니다. 바로 이 책을 쓰는 일입니다. 그러나 이 순종의 길이 곧은길은 아니었음을 또한 고백합니다.

묵상 할 때 또는 불현듯 떠오르는 글을 메모하고 때론 계속 떠오르는 글을 받아쓰느라 머리맡에 메모지를 두고 자며 쓴 글들은 하나님이 주신 영감이 맞았고 나로서는 쓸 수 없는 글이었기에 이 책을 쓰라는 하나님의 이끄심에 저는 순종하기로 결심했습니다. 그런데 전 그 과정에서 육의 방법을 넣었습니다. 이 책이 아닌 '나는 하와 같은 아내였다.'를 먼저 쓴 것입니다. 그런 이유는 아무것도 아닌 45살의 세 아이를 양육하는 주부가 쓴 글을 어느 출판사에서 책으로 낼까 걱정했기 때문입니다. 목회자도 아닌 제가 설교문과 같은 글을 써도 되겠는가 하는 우려 때문에 저를 증명하고자 저의 삶에서 하나님이 하신 일들을 담아 간증 책을 먼저 쓴 것입니다. 하나님의 저게 주신 약속을 믿고 나아가는 길에서 전 이삭이 아닌 이스마엘을 선택했던 것입니다.

그런데 어느 출판사에서 온 답을 보고 깨달았습니다. '아! 아무것도 아닌 아무 커리어도 없는 아무 능력도 없는 내가 썼기에 하나님이 하신 것임을 증명할 수 있구나! 하나님이 주신 영감으로 썼음을, 낮은 자를, 아무 능력도 없는 자를 들어 쓰시는 그분을 세상에 전할 수 있겠구나!'

그 이후 '에제르' 책을 쓰라는 하나님의 말씀에 순종해 준비하는 과정에서 저는 수술과 신대원 입학의 일들을 거치게 되었습니다. 그 일들 또한 기적과 같은 일들이었고 방학을 맞은 저는 지금 순종의 타이핑을 하고 있습니다. 문득문득 출판사에 투고한 이후의 생각이 떠오르며 저의 의지를 꺾으려할 때 마다 전 아직 이루어지지 않았지만 하나님의 약속을 믿으며 멈추지 않고 기뻐하며 하나님이 주신 영감들로 채워가고 있습니다. '에제르' 사역에 순종하였지만 그 과정에 저의 방법을 집어넣어 길을 돌아가고 좌절을 경험하는 과정에서, 온전한 순종을 해야 함을 깨닫게 된 것입니다. 이제 한 단계를 완수한 후 다음 발걸음을 내딛기 전 하나님께 어찌할지 구하고 순종하며 하나님을 따라 그분의 사역을 명 받아 완성해가고 있는 것입니다.

하나님의 약속을 믿은 여호수아와 갈렙은 가나안에 들어갈 수 있었습니다. 그러나 하나님을 의심하고 원망하던 자녀들은 가나안에 들어갈 수 없었습니다. 하나님 너무 하셨다 할 수도 있겠지만 하나님께서 무조건적인 맹신을 요구하지 않으셨다는 것을 알게 된다면 우리의 생각은 달라질 것입니다. 하나님은 가나안 입성에 앞서 그들이 불안하고 두려워할 것 또한 아셨습니다. 그래서 애굽과 광야에서 홍해 앞에서 이적과 기적을 행하시며 하나님이 어떤 분이신지 보여주셨던 것입니다. 그렇게 경험하고도 그땐 그랬지만 다음번엔 하나님이 일하실 것을 믿지 못하는 것, 하나님도 못 하실 거라 생각하는 것, 하나님이 원하시는 모습으로 믿음을 보이지 않은 그들은 가나안의 복을 받지 못했습니다.

> 내 영광과 애굽과 광야에서 행한 내 이적을 보고서도 이같이 열
> 번이나 나를 시험하고 내 목소리를 청종하지 아니한 그 사람들
> 은 내가 그들의 조상들에게 맹세한 땅을 결단코 보지 못할 것이
> 요 또 나를 멸시하는 사람은 한 사람도 그것을 보지 못하리라 그
> 러나 내 종 갈렙은 그 마음이 그들과 달라서 나를 온전히 따랐은
> 즉 그가 갔던 땅으로 내가 그를 인도하여 들이리니 그의 자손이
> 그 땅을 차지하리라 _민수기 14:22-24

우리의 기준을 넘어서 하나님의 관점으로 '하나님을 믿는
다는 것'이 어떤 것인지 한번 생각해 볼까요? 과거에 이미 일
어난 일을 보며 믿는 것은 온전한 믿음이라 말하기는 어렵습
니다. 그것은 이미 종결된 사건이며 사실입니다.

하나님이 바라시는 믿음은 내일 이후 장래에까지 하나님
의 일하심에 대해 믿을 수 있는 자녀의 믿음입니다. 단지 과
거의 사실을 믿는다는 것은 안다(I know) 일 뿐입니다. 하나
님이 이 세상을 창조하시고 살아계시는 유일한 한 분이심을
믿는다 하여 자신의 삶에서도 그 능력을 행하실 거라 믿는 믿
음이 무조건 동반되는 것이 아님을 우리는 우리의 믿음 안에
서도 보게 됩니다. 그리고 성경의 이야기를 실제 있었던 일,

사실로 받아들인다 하여 앞으로 나의 삶에서 행하실 하나님에 대한 믿음이 깊을 거라는 것 또한 아님을 우리는 압니다. 지나온 일들 안에서 일어난 일을 믿을 수 있는 이유는 그것이 과거의 시제로 이미 완료가 된 사실이기 때문입니다. 우리는 미래 진행형의 시제로 하나님을 믿어야 합니다.

그 일을 하신 하나님이 당신의 내일을 위해 일하신다는 사실을 믿는 것이 믿음입니다.

여호수아, 갈렙의 믿음을
구하시기 바랍니다

가나안을 정탐하러 보낸 12 정탐꾼 중 10명은 비탄에 빠져 돌아왔습니다. 불가능하다 말하였습니다. 그 소식을 들은 백성들은 모세와 아론을 원망하며 통곡합니다. 그러나 그중 여호수아와 갈렙은 달랐습니다.

이스라엘 자손의 온 회중에게 말하여 이르되 우리가 두루 다니며 정탐한 땅은 심히 아름다운 땅이라 여호와께서 우리를 기뻐하시면 우리를 그 땅으로 인도하여 들이시고 그 땅을 우리에게 주시리라 이는 과연 젖과 꿀이 흐르는 땅이니라 다만 여호와를 거역하지는 말라 또 그 땅 백성을 두려워하지 말라 그들은 우리

의 먹이라 그들의 보호자는 그들에게서 떠났고 여호와는 우리와

함께 하시느니라 그들을 두려워하지 말라 하나 _민수기 14장 7-9

우리는 우리의 기도가 응답되기를 원하며 간절한 마음으로 기도합니다. 기도는 합니다. 그러나 우리가 갖추어야 할 태도와 자세에 대해선 생각하지 못합니다. 12 정탐꾼은 똑같은 상황 안에 있었습니다. 같은 환경 속에 있었습니다. 그러나 10명은 애굽에 노예로 있으며 하나님께 자신들을 구해 달라 기도했던 그 맘은 잊은 채 그때가 나았다며 지도자였던 모세와 아론을 원망합니다. 이는 하나님을 원망하는 것입니다. 그들이 생각한 상황이 벌어진 것도 아니었습니다. 그렇게 될 거라고 인간적으로 상상하며 좌절하고 통곡한 것입니다. 이 상황을 보며 '나라도 10명처럼 불안할 거라고' 이렇게 말할 수도 있겠습니다.

자 그럼 이 상황을 하나님의 입장에서 바라보겠습니다. 왜냐하면 하나님은 세상을 창조하신 유일하신 신이시며 모든 만물의 주인이시며 주관자이시기 때문입니다. 즉 세상은 하나님의 뜻에 따라 움직인다는 것입니다. 그렇다면 애굽에서 구원하사 젖과 꿀이 흐르는 가나안으로 보내시겠다 말씀하신 분이 그들의 상상처럼 되게 하시겠냐는 것입니다.

이렇게 예를 들어 보겠습니다. 당신이 어린 자녀에게 첫 두 발 자전거를 주며 연습을 시킵니다. 아이는 두발 자전거 타기를 겁내 합니다. 왜냐하면 그 아이의 머릿속엔 다쳐서 넘어지는 상상, 피가 나는 상상들로 가득할 것이기 때문입니다. 그런 자녀의 자전거를 뒤에서 잡아주며 당신을 무엇을 기대합니까?

"아빠 믿어! 아빠가 꽉 잡고 있어! 아빠 믿어야 해!"

가나안 땅으로의 이주와 자전거 타는 것을 비교하냐고 생각할 수도 있겠지만 당신의 어린 자녀에게 자전거 도전은 엄청난 도전인 것입니다. 그리고 당신은 그 도전을 가능하게 할 아버지듯이 하나님은 당신의 도전을 가능하게 하실 유일한 아버지 십니다. 여호수아와 갈렙은 이렇게 말합니다. '여호와께서 우리를 기뻐하시면 우리를 그 땅으로 인도하여 들이실 것이다.'

그렇다면 그들의 시각으로 불가능한 가나안 입성의 전제조건인 '하나님을 기쁘시게 하는 것'은 무엇일까요? 이후의 일들을 통해 우리는 알 수 있습니다. 하나님을 믿지 못하는 그들을 향해 가나안에 들어가지 못할 것이라 말씀하십니다. 즉 하나님을 기쁘시게 하는 것은 하나님을 의심 없이 원망하지 않고 믿는 것입니다. 하나님의 일하심을 경험한 당신은 하나님을 향해 그 믿음을 가질 수 있습니다.

> 여호와께서 모세에게 이르시되 이 백성이 어느 때까지 나를 멸시하겠느냐 내가 그들 중에 많은 이적을 행하였으나 어느 때까지 나를 믿지 않겠느냐 _민수기 14:11

> 내가 그들의 조상들에게 맹세한 땅을 결단코 보지 못할 것이요 또 나를 멸시하는 사람은 한 사람도 그것을 보지 못하리라 그러나 내 종 갈렙은 그 마음이 그들과 달라서 나를 온전히 따랐은즉 그가 갔던 땅으로 내가 그를 인도하여 들이리니 그의 자손이 그 땅을 차지하리라 _민수기 14:23-24

하나님께서 이스라엘 백성들에게 바라신 가나안 정복의 믿음은 맹목적인 믿음이 아니었습니다. 애굽 땅에서 이스라엘 백성을 구하시기 위해 모세를 통해 보이신 이적과 기적들, 홍해를 가르는 기적, 광야에서 매일 양식을 공급하시는 기적 등 하나님은 앞서 많은 이적과 기적을 보이시며 하나님의 능력을, 이스라엘 백성을 향한 하나님의 사랑을 죄인인 그들을 용서하시며 품으시는 자비하신 하나님을 증명해 보이셨고 그런 하나님을 믿고 나아가라 하신 것입니다. 여호수아와 갈렙의 믿음은 그 과정 안에서 경험한 하나님에 대한 믿음인 것입니다. 반면에 열 명의 정탐꾼과 그 이야기를 듣고 좌절하며 하나님을 원망한 1세대들에게서 하나님은 하나님을 향한 믿음을 볼 수 없으셨던 것입니다. 당신의 자녀가 오늘만 당신을 믿고 내일은 믿지 않는다면 어떤 마음이 들겠습니까?

하나님께선 우리에게 무리한 요구를 하시는 분이 아니심을 또한 아셔야 합니다. 우리는 이러한 상상을 한 번씩 해보았습니다. '아 하나님이 갑자기 오지의 선교사로 가라 하시면 어떡하지? 그렇게 믿음을 증명해 보이라 하시면 어떡하지?'라는 상상 말입니다. 그 생각이 들자 이렇게 결심합니다. '믿음 생활도 적당히 해야지 난 저렇게 헌신하지 못해. 내 삶도 있고 가족들도 있으니.' 만약 당신을 선교사로 부르셔서 열방에 하나님을 전하게 하실 계획이 있으시다면 하나님은 당신을 인격적으로 대하시며 당신이 그 소망을 품도록 돕고 이끄십니다. 그 일이 소망이 되고 그 일을 위해 당신이 결단하고 실행 할 때 말할 수 없는 기쁨을 주시며 당신 스스로 그 일을 더욱 소망하게 하십니다.

하나님을 믿는다면 열 명의 정탐꾼과 이스라엘 백성처럼 미리 걱정하지 말아야 합니다.

인간의 제한된 범위 안에서 일어나지 않은 일을 상상하며 염려하지 말아야 합니다.

당신을 버리실 거란 말도 안 되는 어둠의 공격에 넘어가지 말아야 합니다. 예수님의 십자가 희생으로 당신을 자녀 삼으신 하나님이 당신을 버리신다면 예수님의 희생이 헛되지 않겠습니까? 하나님이 당신을 버리시는 게 아니라 당신이 상상하며 하나님 곁을 떠나려 하는 것일 수 있습니다. 이렇게 믿음이 흔들릴 때가 누구에게든 어떤 상황으로든 올 수 있습니다. 그럴 땐 잠시 멈춰 아무것도 하지 마시고 생각에 잠기시기 바랍니다. 그리고 당신의 손을 여전히 잡고 계시는 예수님의 상처 난 손을 바라보시기 바랍니다. 하나님은 당신을 선택하셨고 천국 하나님 곁으로 데리고 가실 것입니다. 당신을 너무나 사랑하기에 하나님 곁에 두시려고 작정하셨기 때문입니다.

당신이 어린 자녀에게 첫 두발 자전거를 주며 연습을 시킵니다. 아이는 두발 자전거 타기를 겁내 합니다. 왜냐하면 그 아이의 머릿속엔 다쳐서 넘어지는 상상, 피가 나는 상상들로 가득할 것이기 때문입니다. 그런 자녀의 자전거를 뒤에서 잡아주며 당신을 무엇을 기대 합니까?

"아빠 믿어! 아빠가 꽉 잡고 있어! 아빠 믿어야 해! _ **본문 중**

하나님의 성품을 알수록
믿음은 깊어집니다

하나님은 하나님이 선택하신 자녀들을 하나님 곁으로 (천국) 데리고 오시기 위해 우리를 필요로 하십니다. 즉 구원사역을 자녀들을 통해 이루기 원하신 다는 것입니다. 우리에겐 고아와 과부를 돌보고 하나님께서 주신 하나님나라에 대한, 영혼구원에 대한 사명이 있습니다. 하나님은 이미 우리를 통해 하실 일들을 계획하시고 이 땅에 보내셨습니다. 그리고 자녀들을 위해 계획하신 일들을 소망하도록, 소망의 맘을 갖도록 일하십니다. 그렇게 소망이 생긴 자녀들은 기도합니다. 즉 하나님께서 기도하게 하신다는 것입니다. 그리고 하나님의 뜻에 부합한 자녀의 기도에 응답하십니다. 응답을 통해 하나님의 일하심을 경험한 자녀들은 삶에서 그 사실을 전하게 되고 그렇게 하나님은 영광을 받으십니다.

당신에게도 하나님의 계획이 있으십니다. 하나님을 사랑한다면 감사한 맘으로 삶을 살고 계신다면 이렇게 기도 할 수 있어야 합니다.

"하나님아버지 아버지께서 저를 이 땅에 창조해 보내신 목적을 알고 싶습니다. 그리하여 순종의 길을 가고 싶습니다. 아버지 알려주세요."

그렇게 하나님이 계획하신 길을 가며 많이 묻게 됩니다. 이 길이 맞는지... 이렇게 하면 안 되는지... 우리의 지혜와 지식을 토대로 될까? 안될까? 연구하고 검증하기도 합니다. 고난 같은 테스트도 거치며 그 일을 감당할 준비가 되었는지 검증도 받습니다. 그리고 그 일을 해낼 수 있도록 훈련도 받습니다. 차분히 보시면 알 수 있습니다. 내 육의 선택의 결과에서 하나님의 뜻으로 선회하게 되는 계기도, 테스트도, 훈련과 연단도 우리에겐 고난의 모습으로 다가온다는 것입니다. 그렇다면 그 과정을 어떻게 잘 헤쳐 나가야 할까요? 한번 무너지고, 주저앉고, 포기하고 싶을 때 어떻게 믿음을 지켜낼까요? 하나님의 말씀을 떠올리며, 앞서 경험한 믿음의 조상, 선배들

의 모습을 바라보며, 그리고 하나님의 성품을 떠올리며 다시
일어나는 것입니다.

하나님은 신실하시며, 자비로우시며, 경외로우시며, 전능
하시며, 지혜이시며, 완전하시며, 완벽하시며 늘 선하신 분이
심을 떠올려 믿어야 합니다.

나를 누구보다 사랑하시는 하나님은
나를 만드신 아버지시다.

나를 누구보다 아끼시는 하나님은
나를 늘 긍휼히 바라보시며 도우신다.

나를 향한 시선을 거두시지 않는 하나님은
나의 필요를 알고 계시고 공급해 주신다.

나를 이 땅에 보내시어 사명을 주신 하나님은
내게 복 주시기를 원하신다.

나를 통해 하나님나라를 소망하게 하신 하나님은
불가능이 없으신 전능하신 분이시다.

나를 존귀히 여기시는 하나님은
반드시 하나님의 선하심을 경험하게 하신다.

하나님의 성품이 삶에서 경험되어 하나님을 알게 될수록
믿음은 깊어집니다. 왜요?라는 질문보다 '네 하나님 기대합
니다!'라는 답을 하게 됩니다. 나를 향하신 하나님의 계획을
알게 될 때 우리는 겸손한 맘에 '제가 어떻게요?', '전 능력이
안됩니다.'라고 고사하고 싶겠지만 그렇기에 당신임을 알아
야 합니다. '네 하나님 제가 잘할 수 있습니다!'라는 생각을
가진 영혼은 하나님을 드러내는 것이 아니라 자기 의를 드러
내기 쉽기 때문입니다.

앞으로 주변에서 하나님께서 당신에게 주신 비전에 대해
무반응이거나 부정적인 반응을 보인다 해도 좌절하지 마시
기 바랍니다. 묵묵히 조용히 하나님만을 따르시면 됩니다.
당신의 '에제르'의 사명을 사역으로 받아들이며 주변에 이야
기할 때 주변의 반응에 휩쓸리지 마시기 바랍니다. 하나님나
라의 일을 세상은, 어둠은 늘 시기하기 때문입니다.

하나님이 당신 삶의 주관자이십니다

크고 작은 기도를 하나님께 올려 드리며 매일 그분과의 교제의 삶을 살아가는 동안 당신의 기도가 응답됨을 느끼게 됩니다. 그러한 경험 안에서 작은 것 하나까지도 구하는 당신을 보게 될 것입니다. 그 뜻은 하나님이 당신의 삶의 주관자이심을 깨달았다는 것입니다. 이전의 삶과 비교하여 어떤가요? 당신도 아시겠지만 하나님은 하나님의 계획대로 당신을 이끄십니다. 그렇게 되도록 당신의 삶을 이끄신다는 것입니다. 그 사실을 알고 있는 당신이라면 오늘 하루를 시작하며 '오늘도 주의 뜻대로 이끄소서!'라고 기도하며 하나님을 향한 순종의 의지를 보일 것입니다.

사람이 마음으로 자기의 길을 계획할지라도 그의 걸음을 인도하

시는 이는 여호와시니라 _잠언 16장 9절

하나님께 저의 삶을 내어드리는 것을 잠시 이야기해 보겠
습니다.

아이들을 등교시키며 기도합니다.

그리고 자기 전 한 명씩 안고 안수하고 축복하며 기도하기
전 성령님을 찾습니다.

"성령님 능력 주세요. 기도해 주세요. 치유의 은사와 사랑의 은사와
선포의 능력과 예수님의 사랑으로 하나 되는 축복 부어주세요!"

이렇게 기도하게 하신 이유를 깨닫게 된 후 저는 망설임 없
이 매일 밤 아이들을 축복하며 기도해 줍니다. 그 이유는 아
이들의 참 부모가 하나님이심을 믿고 하나님의 존귀한 자녀
들, 귀한 하나님의 일꾼들을 육의 부모인 우리에게 맡기셨음
을 알기에 성령님의 이름으로 선포하며 축복하는 것입니다.

그리고 남편과의 관계에 있어서 또한 하나님께 주권을 내
어 드립니다. 과거엔 남편과 제가 가장 가깝기를 원하고 노
력했다면 이젠 저와 남편 사이에 예수님이 계심을 생각합니
다. 우리는 아이들의 부모로서, 부모의 자녀로서, 부부 셀 리

더로서, 문화선교 사역자로서 함께 하는 일이 많습니다. 서로의 기질이 지극히 다르기에 어떠한 안건에 대한 의견 또한 다르고 함께 하는 일과 시간이 많을수록 의견의 충돌이 많을 수 있음을 알기에 의논하기 전 기도하며 예수님께 그 시간을 내어드립니다. 그리고 설득도 예수님께 맡기고 저의 의사를 전달합니다. 하나님의 뜻 하신 대로 예수님께서 둘 중 한 사람을 설득하실 것을 알기 때문입니다.

모임을 위해서도 하나님께서 계획하신 만남이라면 만남까지 순탄히 해주시길 기도하며 반면에 하나님이 뜻이 아니라면 취소시켜 달라고 저의 스케줄 또한 예수님께서 온전히 관리해 주시길 바라며 기도합니다.

일에 있어서도 마찬가지입니다. 상담 의뢰가 오면 그날부터 기도합니다. 하나님께서 보내신 영혼이 맞는지 여쭙고 기다립니다. 의뢰가 온다 하여 무조건 상담하지 않습니다. 이는 상담을 하는 것은 저의 능력이 아님을 알기 때문입니다. 상담하는 동안 맘속으로 이렇게 기도하며

'성령님 제가 뭘 알겠습니까? 성령님 대언해 주세요. 무슨 말을 전해야 할지 알려주세요.'

하나님이 일하심을 경험하기에 예수님께서 기다리시는 영혼이 아니라면, 저의 육의 지혜와 노력으로 상담하려 할 것이고 아무것도 아닌 제가 하나님의 놀라우신 일을 감히 흉내조차도 낼 수 없음을 알기에 상담 또한 예수님께서 스케줄을 관리해 주시길 의뢰드리는 것입니다.

시댁 친정 가족모임 또한 기도하며 갑니다.

'하나님 서로에게 불편함이 없게 하시고 예수님의 사랑을 나누는 시간 되게 해 주세요.'

그렇게 예수님의 손에 맡기며 내어드린 내일로 오늘 주가 일하심을 경험하고 그 은혜로 과거가 쌓입니다. 이렇게 기꺼이 내 삶의 주권을 주님께 내어드리며 이 사실을 굳게 믿게 되는 것입니다.

내 삶의 주권자가 하나님이심을요

어린아이와 같은 믿음으로
기도하시기 바랍니다

하나님이 당신의 아버지시며, 당신은 그분 앞에 어린아이 같습니다. 그렇다면 당신은 어떻게 기도하며 구하겠습니까? 예수님은 우리가 어린아이 같이 믿어야 한다 하십니다. 그 말씀은 어린아이같이 의심 없이 순수하게 믿으며 하나님만을 온전히 의지해야 한다는 뜻입니다.

내가 진실로 너희에게 이르노니 누구든지 하나님의 나라를 어린 아이와 같이 받아들이지 않는 자는 결단코 거기 들어가지 못하리라 하시니라 _누가복음 18장 17절

제 남편은 제게 이렇게 이야기하곤 합니다.

"당신 참 뻔뻔하다. 하나님한테 맡겨 놓은 거 있어?"

하나님이 저를 창조하시고 이 세상에 보내신 참 부모이심을 의심 없이 믿게 된 후 저의 기도는 참 뻔뻔해 해졌습니다.

"하나님 이게 필요해요. 허락해 주세요. 그렇지만 만약 하나님의 주실 계획이 없으시다면 제가 실망감 없이 내려놓게 해주세요."

우리가 누리고 있는 것들은 모두 하나님께서 주신 것들입니다. 하나님 앞에 뻔뻔한 아내를 타박하던 남편도 아내의 기도에 응답하시는 하나님을 뵈며 이런 마음이 생겼다며 셀 식구들 앞에서 고백하였습니다.

'저도 이젠 아내처럼 믿고 구하려고요. 지금까지는 이런 기도까지 하는 건 좀 그렇지 않나 이런 건 내가 노력해서 가져야지라는 생각을 했었는데 하나님이 받으시는 기도는 순전하고 순수한 기도라는 것을 알게 되었습니다.'

그때 '할렐루야!' 외치며 주님을 찬양했습니다. 왜냐하면 둘이 하나 되기 위함에 있어서 믿음의 모습 또한 비슷해야 가정과 사역이 추진력을 얻기 때문입니다.

어린아이들의 요구를 들을 때면 때론 무지 난감하고 어처구니가 없습니다. 둘째, 셋째가 얼마 전 갖고 싶은 장난감을 위해 동전을 모으며 "와 오빠 우리 부자야! 이걸로 살 수 있겠어! 엄마 이 돈으로 사주세요." 이렇게 이야기하는 것을 듣고 있자니 어찌나 사랑스럽던지요. 나머지를 보태어 꼭 사주고 싶다는 마음이 들 정도였습니다. 물론 그 나머지는 금액은 가격의 거의에 해당합니다. 유한한 능력의 우리도 자녀의 간구를 들어주고 싶은데 하물며 전능하시며 사랑 가득하신 하나님은 어떻겠습니까? 하나님께 뻔뻔히 구할 수 있다는 것은 하나님의 전능하심을 믿는다는 것입니다. 하나님이 자기의 간절함을 들어주시는 자비로우신 분이심을 믿는다는 것입니다. 내 필요를 채우고 넘치도록 주고 싶어 하시는 조건 없이 날 사랑하심을 믿는다는 것입니다.

동역자들과 교제를 하며 대화할 때 우린 각자의 삶에서 행하신 하나님의 응답하심에 대해 나눕니다. 아주 작은 것부터 불가능에 가까운 일들까지 하나님을 향한 어린아이와 같은 믿음으로 구할 때 응답하신 하나님께 감사하며 함께 찬양하는 것입니다. 때론 응답하지 않으셔도 실망하지 않습니다. 왜냐하면 이유가 있으실 것이라 믿기 때문입니다. 하지만 그 기도가 내려놔지지 않고 계속해서 소망하게 된다면 하루 하루 빠짐없이 계속 기도합니다. 그럼 알게 됩니다. 내가 생각한 것 이상의 것을 준비하고 계셨음을 그렇게 상상할 수 없는 하나님의 계획과 하나님의 완전하심을 경험하게 되면 응답이 되지 않더라도 실망하지 않습니다. 기대하게 됩니다. 그리고 감사하게 됩니다. 될까? 안 될까? 들어주실까? 안 들어주실까? 모든 생각을 내려놓고 어린아이처럼 하나님을 믿으신다면 기도하시기 바랍니다. 만약 하나님께서 응답하지 않으신데도 왜 안 들어 주시는지 그 이유 또한 깨닫게 해 주십니다. 그러한 경험 안에서 우리는 배우게 됩니다. 어떤 기도가 하나님이 응답하실 기도인지, 어떤 마음으로, 어떤 목적으로 구하는 것이 합당한 기도인지를 말입니다.

어린아이들의 요구를 들을 때면 때론 무지 난감하고 어처구니가 없습니다. 둘째, 셋째가 얼마 전 갖고 싶은 장난감을 위해 동전을 모으며 "와 오빠 우리 부자야! 이걸로 살 수 있겠어! 엄마 이 돈으로 사주세요." 이렇게 이야기하는 것을 듣고 있자니 어찌나 사랑스럽던지요. 나머지를 보태어 꼭 사주고 싶다는 마음이 들 정도였습니다. 유한한 능력의 우리도 자녀의 간구를 들어주고 싶은데 하물며 전능하시며 사랑 가득하신 하나님은 어떻겠습니까?

_본문 중

응답의 씨앗이
믿음이 되어 자라가고 있습니다

그러나 우리는 연약하고 나약하기에 한 가지 근심거리 앞에 담대히 맞서지만 또 한 가지 걱정거리에 잠시 흔들리고, 더 보태어진 염려 앞에 때론 무너질 수도 있습니다. 그러나 괜찮습니다. 하나님은 위로의 하나님이시기도 합니다. 무너진 자리에서 잠시 앉아 쉬며 그동안의 일들을 묵상해 보시기 바랍니다. 그동안 일하신 하나님께서 당신을 다시 일으키실 것은 당연한 일이기 때문입니다. 하나님의 첫 번째 응답 그리고 두 번째 응답하심, 그리고 세 번째 응답, 하나님이 당신을 위해 그동안 하셨던 일들이 떠오르며 당신은 다시 힘이 날 것입니다.

하나님의 응답하심을 경험함이 다음 응답의 인내의 거름이 되는 것입니다.

하나님이 들어주실까? 안 들어주실까? 하는 염려 속에서 첫 번째 기도 응답을 기다리며 간절함으로 우리는 그 시간을 버티었습니다. 첫 번째 응답에 비해 그다음 기도 응답의 시간까지 우리는 더 인내해야 했지만 전보다 낙담하지 않았습니다. 또 다음번의 기도응답 앞에선 기대하며 기다릴 줄 아는 우리가 되었습니다. 또 그다음의 기도 응답을 기다리며 응답하지 않으심도 하나님의 뜻임을 고백하게 되었습니다. 오늘의 기도응답을 기다리며 우리의 목적은 어느덧 하나님 나라를 향하게 되었습니다.

하나님께서 당신의 기도를 들으심을 경험하며 당신은 하나님에 대한 신뢰와 믿음이 자라고 있음을 느꼈을 것입니다. 어떤 기도가 응답을 받는 기도인지도 알게 되었을 것입니다. 그 말은 당신의 시각에서만 바라보던 하나님과의 관계가 하나님의 시각에서 바라보게 되었다는 것입니다. 당신을 사랑해주시길, 바라봐주시길 바라는 일방적인 요구에서 진정으로 아버지 하나님을 사랑하며 그분을 위하고 싶어진 것입니다.

그렇게 하나님을 묵상하며 바라보고 있자니 보이지 않던 하나님나라가 보입니다.

세상을 살아가고 있지만 자신은 하나님나라에 속해 그분의 사랑과 말씀에 의지하여 삶을 살아가고 있었음을 깨닫게된 것입니다. 겉으로 보기에 당신은 하나님을 믿지 않는 영혼들과 같은 일상을, 회사생활을, 양육을 하는 것 같지만 당신은 하나님나라에 속해 살고 있음을 영의 시선으로 보게 되는 것입니다. 같아 보이는 일상에서 당신의 선택은 세상의 유익과 성공과 권력이 아닌 하나님의 말씀과 나를 향하신 뜻에 있고 그분의 뜻을 구하며 오늘을 살아가고 있는 것입니다. 하나님나라에 속해 살아가는 거룩한 주님의 자녀들은 세상에서 뒤처질 것 같다는 조급함에 넘어가지 않습니다. 하루를 힘겹게 살고 내일이 염려되고 성취해도 기쁨보다 다음 목표에 숨이 막히는 세상을 사는 영혼들과 달리 하루하루 여유롭게 걸어가며 하나님만을 바라보게 되는 것입니다. 그리고하나님의 시선을 따라 바라보니 하나님이 이 세상을 얼마나사랑하시는지 알게 되고 하나님이 그토록 사랑하시는 세상,영혼을 위해 무언가 해야겠다는 사명감이 들기 시작합니다.그렇게 당신은 하나님의 구원사역에 자원한 일꾼이 되어 선교와 구제와 세상에서 복음을 전하며 하나님나라의 확장에

힘쓰게 되는 것입니다.

어떤 이들은 이렇게 말할 것입니다. 나도 봉사하고 선교헌금도 구제헌금도 한다고, 맞습니다. 그러나 하나님의 시각에서 볼 때 그 목적은 달라 보일 수 있습니다.

당신의 헌신과 사역이(선교, 구제, 봉사 등) 하나님을 기쁘시게 해 드려서 칭찬받고 복 받기 위함이었다면 그동안 세상에서 당신의 리더 즉 당신의 유익을 좌지우지할 수 있는 사람들에게 했던 충성을 하나님을 향해 바꾼 것일 뿐입니다. 다시말해 하나님을 향한 나의 충성의 모습을 보이지만 그 목적이 자신의 유익을 위했던 것인지 하나님을 사랑함으로 그분의 사역에 동참하고 싶은 마음에서였는지 그 목적은 다를 수 있다는 것입니다. 후자의 마음으로 구하는 기도는 응답받습니다. 왜냐하면 그것이 바로 하나님나라와 의를 구하는 기도이기 때문입니다. 하나님을 사랑한다면 그분의 마음 또한 알고기도해야 합니다.

오늘 있다가 내일 아궁이에 던져지는 들풀도 하나님이 이렇게입히시거든 하물며 너희일까보냐 믿음이 작은 자들아 그러므로염려하여 이르기를 무엇을 먹을까 무엇을 마실까 무엇을 입을까 하지 말라 이는 다 이방인들이 구하는 것이라 너희 하늘 아버

지께서 이 모든 것이 너희에게 있어야 할 줄을 아시느니라 그런

즉 너희는 먼저 그의 나라와 그의 의를 구하라 그리하면 이 모든

것을 너희에게 더하시리라 그러므로 내일 일을 위하여 염려하지

말라 내일 일은 내일이 염려할 것이요 한 날의 괴로움은 그 날로

족하니라 _마태복음 6:30-34

내려놓지 마시기 바랍니다

당신은 하나님의 자녀입니다. 그 사실을 믿는다면 지금부터의 저의 이야기를 잘 생각해 보시기 바랍니다. 하나님은 전능하신 분이십니다. 그분의 전능하신 능력을 우리는 간접적으로 수없이 경험했습니다. 성경에 있는 수많은 이적과 기적의 이야기들 그리고 책과 영화의 이야기들 그리고 주변의 간증들을 통해서 말입니다. 그렇다면 하나님은 왜 성경에 있는 주님의 자녀들이 겪은 수많은 이야기와 이 시대를 함께 살고 있는 자녀들의 간증과 아주 가깝게는 당신의 주변의 이야기를 당신에게 끊임없이 들려주시는 것일까요?

네! 당신의 아버지는 전지전능하신 신이시며 지금도 살아 계시는 하나님이심을 끊임없이 말씀하고 계시는 것입니다.

"딸아 찾고 두드리고 구하거라! 네가 나를 믿는다면..."

간절히 구하는 기도, 그 기도응답이 불가능과 가깝거나 현실적이지 않을 때 그렇기에 기도밖에 할 수 없음을 알기에 어렵게 기도제목을 나누면 누군가는 이렇게 말하곤 합니다.

"그렇다면 당신은 어떻게 할 생각인가요? 구체적인 계획이 있겠죠? 아무것도 안 한 채 기도만 하고 기다린다고 해결될 거라고 생각하는 것은 아니죠?"

그런 말을 들을 때마다 혼란스럽습니다. 정말 방법도 없고 내가 할 수 있는 일이 없기에 간절히 부르짖으며 넘어지지 않으려 애쓰며 버티고 있는데 말입니다. 또는 하나님께서 반드시 응답해 주실 거란 강한 느낌으로 평안히 그때를 기다리고 있는데 그런 모습을 보고 이상주의자로 보며 비난하는 말을 들을 때마다 이것이 믿음의 자세가 아닌가? 혼란스럽기도 합니다. 성경의 이야기와 하나님의 말씀을 보면 믿음의 자세란 이것인데 사람들은 이상히 보며 비아냥거리기도 합니다. 당신이 하나님의 성품을 바로 알고 믿어지는 믿음이라면 당신이 옳습니다. 그리스도인이라 하여 그날 그 시간에 다 이 깊이의 믿음을 지니지는 않습니다. 교회를 다닌다 하여 다 그리스도인이 아니듯이 말입니다. 주님의 자녀이지만 세상에 더 속해 있는 영혼들이 많습니다. 이를 잘 분별하셔서 당신의 믿음이 뒷걸음치지 않도록 하셔야 합니다.

주님의 자녀로서 하나님의 능력과 성품에 대한 믿음이 있다면 단어에 대한 반응도 다릅니다. 불가능이란 단어가 더이상 당신의 삶을 흔들지 못함을 알기에 아버지께 기도함에 있어서 당신은 어둠이 주는 불가능이란 단어에 이렇게 맞설 것입니다.

"불가능은 세상의 단어야. 내 아버지의 나라에는 불가능이란 존재하지 않아! 난 아버지의 전능하심을 믿어 그리고 아버지가 날 얼마나 사랑하시는지도 믿거든 그러니 예수그리스도의 이름으로 명하노니 내 생각에서 떠나가버려!"

이렇게 선포하며 당신은 하나님을 더욱 믿기 위해 애쓸 것입니다. 어쩌면 우리는 우리의 믿음의 깊이 안에서 하나님의 능력과 성품을 제한하는지도 모르겠습니다. 우리의 유한하고 좁은 지식과 지혜와 시각 안에서 하나님을 이해하려 한다면 당신의 하나님은 쩨쩨한 하나님이 되고 말 것입니다. 성경을 통해 알게 되는 하나님, 말씀을 통해 믿게 되는 하나님의 성품을 노트 가득 적어두고 그 성품을 모두 믿는 당신이 되어야 합니다. 그 믿음으로 구하는 기도를 하나님은 받으십니다.

예수님께서 한 백부장의 믿음을 보시고 칭찬하십니다. 자신의 하인의 병을 고쳐 달라 간구하지만 말씀만 해 달라 합니다. 이는 예수님이 말씀만 하셔도 저 멀리 있는 하인이 나을 것이라는 믿음이 있었다는 것입니다. 그런 믿음을 보시고 예수님은 놀라워하시며 이스라엘 중 아무에게도 그런 믿음을 보지 못하였다 하십니다. 당신이 주님께 간절히 구할 때 어둠은 매우 타당해 보이는 이유를 들이대며 그 주변을 흔들어 놓을 것입니다. 그 어둠의 실체는 보이지 않지만 주변의 사람들을 통해 듣게 될 수도 있습니다. 그때가 당신의 믿음을 보일 수 있는 시간입니다. 간절한 기도제목 앞에서 당신이 믿게 된 예수님의 능력을 구하시기 바랍니다. 예수님을 향한 당신의 믿음을 보여드리시기 바랍니다. 당신이 옳았음을 증명해 주실 것입니다.

예수께서 가버나움에 들어가시니 한 백부장이 나아와 간구하여 이르되 주여 내 하인이 중풍병으로 집에 누워 몹시 괴로워하나 이다 이르시되 내가 가서 고쳐 주리라 백부장이 대답하여 이르되 주여 내 집에 들어오심을 나는 감당하지 못하겠사오니 다만 말씀으로만 하옵소서 그러면 내 하인이 낫겠사옵나이다 나도 남의 수하에 있는 사람이요 내 아래에도 군사가 있으니 이더러 가라 하면 가고 저더러 오라 하면 오고 내 종더러 이것을 하라 하면 하나이다 예수께서 들으시고 놀랍게 여겨 따르는 자들에게 이르시되 내가 진실로 너희에게 이르노니 이스라엘 중 아무에게서도 이만한 믿음을 보지 못하였노라 또 너희에게 이르노니 동 서로부터 많은 사람이 이르러 아브라함과 이삭과 야곱과 함께 천국에 앉으려니와 그 나라의 본 자손들은 바깥 어두운 데 쫓겨나 거기서 울며 이를 갈게 되리라 예수께서 백부장에게 이르시되 가라 네 믿은 대로 될지어다 하시니 그 즉시 하인이 나으니라

_마태복음 8:5-13

서둘러 하나님 편으로
옮겨 앉으시기 바랍니다

그리스도인으로서 우리가 주의해야 할 점이 있습니다. 그 응답의 과정 안에서 믿음이 더욱 자라 가고 굳건해 져야 한다는 것입니다. 긴급하고 간절한 기도가 응답되면 우리는 안도하게 됩니다. 그 응답으로 인해 더욱 하나님을 찬양하고 그분과의 교제를 더욱 원하게 되어야 하는데 하나님이 주신 안도와 평안 안에서 또다시 세상에 속해 살며 자신의 정욕(육신의 정욕, 안목의 정욕, 이생의 자랑)을 위해 애쓰는 어리석은 일을 하게 됩니다.

고난 중에 응답받은 우리들은 그 당시엔 예배도 안 빠지고, 더 기도하고, 선교와 구제도 더욱 할 거라 생각하며 나는 그런 자녀가 안 될 거야 하지만 이 또한 교만임을 아서야 합니다. 우리는 내일 그리고 모레 또 죄를 지을 것이고 평안 안에서 육적인 즐거움을 찾을 것입니다. 나를 위한 취미생활, 쇼핑, 독서, 모임 등에 우리의 열정과 시간을 쏟으며 하나님과의 교제는 또다시 멀어지게 될 거란 말입니다.

이러한 유혹이 당신을 찾아와 흔들 때 스스로의 의지로 끊어내셔야 합니다. 그리고 서둘러 하나님 편으로 옮겨 앉으시기 바랍니다. 슬픈 사실이지만 이 선택에서 당신이 하나님의 자녀인지 세상에 속한 자녀인지 나뉘게 됩니다. 그러나 당신은 하나님만을 의지함으로 보이지는 않지만 존재하는 하나님나라로 당신의 정서를 옮겨 앉을 수 있습니다.

이 세상이나 세상에 있는 것들을 사랑하지 말라 누구든지 세상을 사랑하면 아버지의 사랑이 그 안에 있지 아니하니 이는 세상에 있는 모든 것이 육신의 정욕과 안목의 정욕과 이생의 자랑이니 다 아버지께로부터 온 것이 아니요 세상으로부터 온 것이라 이 세상도, 그 정욕도 지나가되 오직 하나님의 뜻을 행하는 자는 영원히 거하느니라 _요한일서 2:15-17

교회를 다니고 그리스도인으로 살아간다고 말할 수 있다

면 당신은 영적인 부분에 대해서도 각성하고 있어야 합니다. 교회나 성도가 지극히 현실적인 이야기만을 한다는 것은 매우 우려스러운 일이 아닐 수 없습니다.

> 하나님은 영이시니 예배하는 자가 영과 진리로 예배할지니라
>
> _요한복음 4:24

우리의 선조들과 달리 우리는 기본적인 고등교육을 거치며 내가 마음만 먹으면 얼마든지 전문지식과 자격을 취득할 수 있는 시대를 살고 있습니다. 미디어와 SNS를 통해 수많은 지식과 볼거리를 너무나 쉽게 접하게 됩니다. 과도한 지식과 통계에 의존하는 삶을 살고 있는 것입니다. 별점을 통해 맛집이 선정되고, 등수로 우등생이 가려지고, 1등 외의 기록은 기량이 될 수 없고, 고가로 승진이 좌우되고, 신용점수로 금융거래를 할 수 있고, 통장 잔고로 인생의 성공과 안정을 보장받고, 숫자의 변동으로 오늘은 살고 내일은 죽을 것 같은 거대한 주식시장에 삶의 전부를 거는 모습을 가만히 들여다보시기를 바랍니다. 이것들이 무엇으로 표현되는지 말입니다. 바로 '숫자'입니다.

어느새 나란 사람은 없고 그 자리를 나를 표현할 수 있는 숫자가 채우고 있습니다. 몇 등인지, 토익은 몇 점을 받았는

지, 고가점수는 어떤지, 얼마나 돈을 모았는지, 주식이나 코인에 얼마를 투자해 수익을 얻었는지, 얼마짜리 차인지. 몇 평짜리 집에 사는지, 우승을 했는지… 세상 속에서 당신이 존중받고 존경받는 이유가 당신을 표현하는 숫자이고 그 숫자가 곧 당신의 능력을 증거 하는 것이라고 믿고 있다면 그 숫자가 변동 됨에 따라 당신의 가치도 변동되고 세상은 그런 당신을 이전과 다르게 대우할 수 있다는 사실 또한 알고 계셔야 합니다. 이렇게 당신을 증명하기 위해 끊임없이 무언가 이루기 위해 전력을 다하고 있는 하루하루를 살며 당신은 숨가쁘지 않으신가요?

정말 숫자를 의지해 사실 건가요? 당신의 삶에서 숫자를 빼고 한번 보시기 바랍니다. 숫자에 연연하지 않는 담대한 당신은 참으로 멋집니다. 영혼에 대한 긍휼한 마음을 갖는 당신은 아름답습니다. 하나님나라에 대한 비전이 있는 당신은 훌륭합니다. 하나님나라를 바라보며 하나님과 교제하고 그분의 뜻을 따라 살아가는 삶에서 숫자는 내세울 것이 못됩니다.

자 이제 세상에서 하나님 나라의 보이지 않는 영적인 부분으로 시선을 돌려 봅시다. 당신 안에 거하시는 성령님을 염두

에두고 하루를 살고 계신가요? 성령님은 우리 안에 찾아와 거하고 계십니다. 우리는 가끔 이런 경험을 합니다. 내 뜻대로 하려 할 때 마음의 불편함을 계속 느끼게 되고, 평소 나라면 할 법하지 않은 생각들을 하고, 죄 앞에 뻔뻔했던 내 입술에서 회개가 나오고, 개인주의적인 삶을 영위하던 내가 누군가를 긍휼히 보게 되고, 예배와 말씀에 대한 갈급함을 느끼게 되는 것을 말입니다. 그 일을 누가 하시겠습니까? 우리의 마음이 그토록 선하고 정결하지 않음을 우리 스스로도 잘 알기에 자신이 했다 말할 수 조차 없는 우리임을 스스로도 압니다.

우리의 시선을 하나님을, 선을, 사랑을 향하도록 애쓰시는 분은 우리 안에 찾아와 거하시는 성령님이십니다. 성령님은 우리의 인격을 존중하시며 쉼 없이 일하십니다. 우리의 시선이 하나님을 향하도록, 예수님의 사랑에 감사하며 그 사랑을 전하고 실천하도록, 선하고 거룩한 삶을 살도록 끊임없이 우리의 생각과 맘의 정서를 통해 전하십니다. 그리고 그 생각으로 의지를 발동하도록 도우십니다. 우리 자신의 죄성과 우리를 미혹하려는 어둠에서 깨어 있도록 독려하십니다. 그런데 그런 성령님을 우리는 어떻게 대우하고 있을까요? 나의 이익이 우선이기에 무시합니다. 내가 생각한 정답이 아니기에 못 들은 척합니다. 그분이 거하시는 나 자신을 정욕에 내어주며 근심시키고 있는 것입니다. 저는 여기서 거룩하고 정결한 성도의 삶을 강조하고자 이야기하는 것이 아닙니다. 전에도 말씀드렸듯이 거룩하고 정결한 삶은 하나님과의 아름다운 교제 안에서 그분을 더욱 사랑함으로 예수님을 닮아가며 되어지는 것이기 때문입니다.

　지금 나누고자 하는 이야기는 호시탐탐 우리를 노리는 어둠의 영에 관한 이야기를 하는 것입니다. 성경의 이야기를 보며 '악하다'는 표현에 맞는 사건들을 보게 됩니다. 그 '악하다'로 표현될 수 있는 세상이 모습이 지금엔 없을까요? 인권이 존중되고, 치안이 강화된 세상을 사는 우리는 악함을 경험하지 않을까요? 아니요 우리는 더욱 쉽게 경험하고 있으며 그 시대보다 하나님의 선하심과 반대되는 악이 보편화된 세상을 살 고 있습니다. 우린 아무도 모르게 악을 만나고 경험하고 행할 수 있는 시대를 살고 있는 것입니다. 바로 인터넷과 미디어를 통해 너무나 쉽고 간편하게 악한 것을 보고 악환상황을 접하게 된다는 것입니다. 나만 보고, 경험하는 것이 아니다 보니 쉽게 정당화하며 합리화를 시킬 수 있습니다. 악한 선택이, 악한 행위가 일상적이고 보편적인 것이 되어버렸기에 정죄감이나 자책을 느끼기 어렵습니다. 인간의 본성을 여과 없이 담은 것이 예술적 작품이 되고, 익명이란 보호

뒤에 숨어 남을 마음껏 공격하고, 자신의 힘을 과시하기 위해 남을 괴롭히며 자신의 자리와 명성으로 타인을 무시하고 상처 주는 언행을 하면서 '약해서 그래! 성공하려면 내 말 대로 해! 왕따를 당해도 싸!' 이렇게 말하며 정당화 하는 세상에 우리와 우리의 자녀가 살고 있는 것입니다.

그런 세상에서 나오고 싶지 않으신가요? 그런 세상에서 당신의 자녀들을 구별 되게 키우고 싶지 않으신가요? 그런 마음이 들었다면 당신 안에 계시는 성령님을 의식하시기 바랍니다. 당신의 오늘을 살며 해야 할 수많은 선택에 있어서 성령님을 찾고 그분께 의지를 내어드리시기 바랍니다. 기다리신 성령님은 당신의 선택을 하나님의 선을 행하도록 이끄실 것입니다. 그렇게 성령님의 이끄심을 따라 살아가는 당신은 더 이상 인터넷이나 미디어를 통해 어둠을 접하지 않을 것입니다. 과감히 채널을 돌릴 것입니다. 어둠의 방편이라 생각되는 것들을 끊어낼 것입니다. 담대히 '옳지 않다!' 말할 것입니다. 그렇게 담대해진 당신은 오히려 인터넷과 미디어를 통치하며 그곳을 통해 복음을 전하며 어둠이 만들어 놓은 길을 선의 물결로 변화시키게 될 것입니다.

고난은 때론 응답의 과정입니다

기도합니다. 간절히 간절히 기도합니다. 꼭 이루어져야 하겠기에 기도합니다. 그런데 응답은커녕 고난이 찾아왔습니다. 그 고난 안에서 무너지지 않기란 참 어렵습니다. 좌절하고 무너져 내리고 기도는 안 나오고 때론 불평하고 원망하며 이렇게 외칩니다.

"하나님 왜요? 왜요?"

그런데 물러날 곳도 없습니다. 이미 하나님과의 사랑과 교제로 기쁨을 누리고 있던 당신은 달리 갈 곳도 없습니다. 더

욱 어려워진 상황과 당신의 힘든 맘을 찬찬히 보고 있자니 이
상황에서 건져주실 이는 하나님 한 분뿐임을 또다시 깨닫게
됩니다. 잠시 삐쳤던 당신은 그 상황이 왜 필요했는지, 내가
평안하길, 기쁘길 바라시는 하나님이 왜 이런 상황을 허락하
셨는지 이해하고 싶은 당신은 더욱 부르짖습니다. 그리고 곧
깨닫게 됩니다.

나의 기도가 응답되기 위해선 이 과정이 필요했음을

고난이 때론 응답의 과정임을 깨닫게 됩니다.

기도 응답의 과정이 매우 순탄할 때도 있지만 때론 아픔을
동반할 수 있습니다. 하나님께서 구원하시기로 작정하신 영
혼을 위해 하나님을 찾고 바라보도록 하나님은 고난의 상황
을 주실 수 있다는 것입니다. 예를 들어 가족의 구원을 두고
기도하고 있습니다. 한 배(한 가정)를 타고 있기에 배 주위의
넘실거리며 곧 배 안으로 들이닥칠 것 같은 거친 풍랑을 보게
되는 것입니다. 그 풍랑이 나를 나의 가정을 덮쳐올 것 같은
염려가 드는 것 또한 당연합니다. 그러나 당신이 가족의 구
원 특히 배우자와 자녀의 구원을 두고 기도 했다면 당신은 그
과정 안에서 고난 같이 느껴지는 시간도 함께 하게 되는 것
입니다. 예수님을 따르며 복음을 전할 자로서 우리는 핍박과

박해도 기꺼이 감당해야 함을 압니다. 하물며 우리가 그토록 간절히 구하던 기도, 우리 가족의 구원을 위해 함께 겪는 고난을 감당함도 우리의 몫인 것입니다. 그러나 그 고난의 시간이 감사였음을 곧 알게 될 것입니다. 그 기도응답의 기쁨과 감격 그리고 그 응답으로 당신의 가정에 찾아올 평안과 축복은 당신이 사랑하는 영혼과 기꺼이 함께한 고난이 감사로 여겨질 정도로 클 것이기 때문입니다.

그리고 이 또한 알게 될 것입니다. 그 고난 안에서 당신의 상상과는 다르게 우려했던 일들까지는 벌어지지 않았고 당신은 털끝 하나 다치지 않았다는 것을요. 왜냐하면 예수님께서 당신과 함께 계시며 보호하고 계셨기 때문입니다. 그러니 다음의 고난 앞에선 예수님께서 함께 계심으로 요동치 않는 믿음으로 평안을 누리시는 당신과 가족들이 되시기 바랍니다.

이렇듯 고난이 때론 기도 응답임을 깨달은 영혼은 더욱 단단해집니다. 그러다 보니 웬만한 바람에 흔들리지 않습니다. 그 일에 대한 상상을 미리 하며 나의 온 정서를 기울이지 않습니다. 풍랑이 일며 넘실거리는 바다 위에 떠 있지만 예수님께서 나와 함께 계심을 느끼기에 두렵지 않은 것입니다. 그 믿음이 아직 없다면 그 믿음 또한 주님께 구하시기 바랍니다.

큰 광풍이 일어나며 물결이 배에 부딪쳐 들어와 배에 가득하게 되었더라 예수께서는 고물에서 베개를 베고 주무시더니 제자들이 깨우며 이르되 선생님이여 우리가 죽게 된 것을 돌보지 아니하시나이까 하니 예수께서 깨어 바람을 꾸짖으시며 바다더러 이르시되 잠잠하라 고요하라 하시니 바람이 그치고 아주 잔잔하여지더라 이에 제자들에게 이르시되 어찌하여 이렇게 무서워하느냐 너희가 1)어찌 믿음이 없느냐 하시니 _누가복음 8:37-40

준비가 곧 시작입니다

광야 1세대 중 가나안에 들어간 사람은 여호수아와 갈렙뿐입니다. 어느 집사님과 믿음에 관하여 민수기 말씀을 가지고 이야기 나누었습니다. 집사님은 여호수아, 갈렙처럼 가나안을 정복하는 것이 무섭다고 자기는 그럴 만한 용기도 없고 광야 1세대처럼 그렇게 생활하는 게 낫다고 말씀하셨습니다. 저는 그분께 이런 비전을 제시해 드렸습니다.

"네 집사님 물론 힘들지요. 그러나 광야의 삶도 늘 부족하고 힘든 것은 같습니다. 단지 광야생활에 익숙해졌고, 새로운 도전에 대한 두려움이 더 크기 때문에 우리는 주저하는 것입니다. 집사님도 아십니다. 하나님이 계획하신 일안에서 예비하신 복이 있음을요. 그 복은 알기에 자녀들이 누리기를 기도하시는 것이겠지요. 그런데 집사님, 집사님이 여호수아와 갈렙처럼 믿음의 1세대가 된다면 집사님의 자녀들은 집사님과 함께 하나님께서 약속하신 가나안의 복을 누릴 것이고 무엇보다 집사님은 가나안의 복을 누리는 1세대로서 자녀들의 하나님을 향한 믿음을 돕는 영적 선배, 리더가 되실 것입니다. 집사님의 자녀들이 집사님의 믿음과 용기를 보고 존경하는 마음을 가질 때 집사님 자녀들 또한 그 자녀들에게 존경을 받으며 대대손손 믿음의 유산을 물려주게 될 것입니다. 그 시작을, 어렵지만 반드시 복을 받게 될 그 길을 아버지인 집사님이 먼저 걸으셔서 하나님나라의 귀한 가정되길 축복합니다."

왜 기도해야 하는지. 왜 하나님과 독대의 시간을 소망해야 하는지, 왜 이런 훈련과 같은 시간을 가져야 하는지 깨달은 당신, 이 믿음을 갖기까지 힘든 여정을 지나온 당신을 축복합니다. 이제 곧 당신은 권면자의 자리에 서게 될 것입니다.

그러나 내가 가는 길을 그가 아시나니 그가 나를 단련하신 후에는 내가 순금 같이 되어 나오리라 _욥기 23:10

6

'에제르'로서의 지혜

° 당신은 귀하고 아름다운 '에제르'입니다

° 간절함을 쥐고 있어야 합니다

° 달란트를 찾아 키워야 합니다

° 예수님만을 기대해야 합니다

° 불편하지 않은 권면을 할 수 있어야 합니다

° 당신은 권면의 방식을 선택할 수 있습니다

° 권면자로서 낙담은 믿음이 아닙니다

° 권면의 때에 하셔야 합니다

° 한 호흡 내려놓고 이야기하시기 바랍니다

° 당신은 '꽃'같이 아름답습니다

당신은 귀하고 아름다운 '에제르'입니다

지금까지 노력을 한 당신은 하나님의 칭찬을 받고 계실 것입니다. 그것은 기도 응답으로도 오고, 다른 영혼의 칭찬과 사랑으로도 옵니다. 당신은 변화된 삶 속에서 이 사실을 알게 될 것입니다. 새 옷을 입었는데 불편하지 않음을요. 오히려 예전 옷을 다시 꺼내 입을 상상만으로 불편한 당신을 경험하게 될 것입니다. 인간의 노력으론 작심삼일이지만 내 안의 성령님께 주권을 내어드리는 삶에서의 변화는 더욱더 변화하게 됩니다. 나의 모난 부분은 다듬어지고 채워져야 할 것들은 채워지면서 새롭게 거듭나는 삶을 살아가게 되는 것입니다. 내 주변의 환경이 바뀐 것도 아닌데 상황이 바뀐 것도 아닌데 전과 달리 하루가 기쁩니다. 내일이 기대됩니다. 이런 경험 안에서 당신은 만나는 사람들에게 전하고 싶을 것입니다.

'여러분 예수그리스도만이 답입니다! 그분만이 우리의 삶을 고치실 수 있습니다!'

라고 말입니다. 즉 권면을 하고 싶을 것입니다. 당신은 '권면자'의 소망을 갖게 될 것입니다.

권면엔 아름다운 자세와 언행의 지혜가 필요합니다. 많은 부분에서 달라진 당신이 권면을 전의 스타일로 한다면 상대방에겐 여전히 잔소리로 들릴 것입니다. 달라진 당신으로서 그에 걸맞은 언행을 할 때 능력이 발휘됩니다. 즉 성령님이 주신 능력으로 말입니다. 저는 당신이 귀하고도 아름다운 복음의 통로가 되길 바라고 또 바랍니다. 이에 권면자로서의 지혜를 함께 나누도록 하겠습니다.

우리는 에제르로서 많은 권면을 하게 될 것입니다. 남편에게 없거나 부족한 부분을 메워야 하는 에제르의 사명을 이루는 방법 중 하나가 권면이기 때문입니다. 제게 갑자기 전화가 걸려오는 경우는 대부분 비슷합니다. 아내 분들이 속상한 일을 겪고 있기 때문입니다. 대부분 화날 만한 상황, 속상할 만한 상황, 억울한 만한 상황이 맞습니다. 그런데도 자신의 심정을 남편은 몰라줍니다. 그리고 자신이 제시한 대안을 받아 들이지 않는 경우가 많습니다. 낙담하고 슬퍼집니다. 앞으로도 계속 이렇게 살 것 같으니 힘이 나지 않습니다.

기도했는데, 기도하고 있는데 하나님은 일하시지 않는 것 같습니다. 그 맘을 누구보다 잘 알기에 하나님의 섭리 아래 먼저 그리고 오랫동안 경험했기에 저는 기꺼이 상담합니다. 그리고 기도합니다.

'하나님 제가 무얼 알겠습니까? 이 귀한 딸의 아픔과 상황을 누구보다 잘 아시오니 제가 전해야 할 것을 알려주세요! 저는 할 수 없습니다.'

그리고 온 맘 다해 상담에 집중합니다. 그때 하나님은 귀한 딸을 위로하시고 안아주십니다. 그리고 지혜를 주십니다. 하지 말아야 할 것과 새롭게 노력해야 할 것들을 알려 주십니다. 그리고 왜 그래야 하는지 이유 또한 알려 주십니다. 우리의 아버지는 참으로 완전하시고 완벽하십니다.

그렇게 받은 지혜를 전할 때 사막처럼 끝이 없을 것 같은 절망과 지침을 호소하던 영혼들은 오아시스를 발견한 것 같은 반응을 보입니다. 그동안 몰랐던 것입니다. 몰랐던 것을 알게 되니 다시금 소망이 생기는 것입니다. 애써보고 싶었고 나름 애썼지만 방법을 몰랐던 그녀들은 실천하겠다 말하고 정말 실천합니다. 그리고 얼마 후 연락이 옵니다. 하나님을 찬양하며 말입니다. 우리는 그렇게 함께 깨달음을 나눕니다. 그렇게 지혜를 받아 실천하며 하나님만을 의지하며 노력했던 그녀들은 가정에 평화와 기쁨을 일구어냈습니다. 십수 년 수십 년 가정의 평화를 깨던 부부싸움의 반복되던 패턴이 끝을 맺게 됩니다. 그녀들에겐 공통된 점이 하나 있습니다.

바로 간절함입니다.

간절함을 쥐고 있어야 합니다

간절한 마음은 하나님을 향하게 되고 하나님이 말씀하시고 일하시도록 합니다. 열두 해 혈루증을 앓고 있던 여인의 이야기를 알 것입니다. 예수님의 옷자락만 만져도 나을 거라 생각한 그녀는, 사람들의 시선을 회피하고 싶은 상처투성이던 그녀는, 간절한 마음에 무리 속으로 들어가 예수님께 시선을 고정시킵니다. 얼마나 많은 무리가 예수님을 에워싸고 있었을지 상상해 보시기 바랍니다. 가녀리고 아픈 그녀는 자신을 바라보며 쑥덕대는 불편한 시선을 느끼면서도 간절함으로 자신의 의지를 실어 바삐 가시는 예수님을 따라 힘겹게 움직입니다. 그리고 십이 년 동안 하루하루의 고통을 참던 그녀는 용기 내어 예수님의 옷자락을 만집니다. 그렇게 믿음 하나로 고침을 받습니다.

아내들이여 아버지의 귀한 딸들이여~ 우리에겐 그녀처럼 마음의 혈루증이 하나씩은 있습니다. 그 마음의 혈루증이 건드려진 날은 자신도 아프고 가족들도 아픕니다. 끊어내고 싶지만 방법을 모르겠습니다. 남편과 어려워지고 싸우게 되는 매번 반복되는 패턴 안에 당신이 끊어내야 할 부분이 있다는 것입니다.

내 마음의 상처가 건드려질 때 더 과한 반응을 보이게 되고 남편은 당신의 가져온 문제 자체보다 당신의 버려줬으면 하는 모습에 포커스를 맞추며 비난하려 들 것입니다. 그런 상황 안에서 당신은 오히려 당신을 비난하는 남편에게 큰 상처를 입고 더 큰 싸움을 하던가 말을 거두고 거리를 두려 할 것입니다.

지겹지 않으신가요? 그만 반복하고 싶지 않으신가요?
당신의 노력으로 반복에 마침표를 찍을 수 있다면 노력할 만 하지 않을까요?

우리가 먼저여야 합니다. 반복되는 패턴에 내가 첨가한 부분을 깨닫고 그 부분을 개선해야 합니다. 그 방법은 혈루증을 앓던 여인과 같습니다. 간절함으로 예수님을 찾는 것입니다. 하루에도 몇 번 '예수님! 예수님 도와주세요! 예수님만이 저의 혈루증을 낫게 하실 수 있습니다.'라고 생각날 때마다 기도하며 선포하시기 바랍니다. 그리고 예수님의 능력을 믿으셔야 합니다. 혈루증 여인은 예수님의 능력을 믿었기에 예수님을 향해 그 걸음을 뗄 수 있었고 치유받았습니다.

열두 해 동안이나 혈루증으로 앓는 여자가 예수의 뒤로 와서 그 겉옷 가를 만지니 이는 제 마음에 그 겉옷만 만져도 구원을 받겠다 함이라 예수께서 돌이켜 그를 보시며 이르시되 딸아 안심하라 네 믿음이 너를 구원하였다 하시니 여자가 그 즉시 구원을 받으니라 _ 마태복음 9:20-22

그 방법은 혈루증을 앓던 여인과 같습니다. 간절함으로 예수님을 찾는 것입니다. 하루에도 몇 번'예수님! 예수님 도와주세요! 예수님만이 저의 혈루증을 낫게 하실 수 있습니다.'라고 생각날 때마다 기도하며 선포하시기 바랍니다. 그리고 예수님의 능력을 믿으셔야 합니다. 혈루증 여인은 예수님의 능력을 믿었기에 예수님을 향해 그 걸음을 뗄 수 있었고 치유받았습니다.

_본문 중

달란트를 찾아 키워야 합니다

저의 하루엔 수많은 영혼이 보입니다. 얼마나 귀하고 또 아름다운지 모릅니다. 그 영혼을 잠잠히 바라보고 있자면 그들이 왜 아름다운지 알게 됩니다. 그리고 그 영혼의 귀한 달란트가 보입니다. 그런데 안타깝게도 그 영혼은 자신의 아름다움도 달란트도 모른 채 살아갑니다. 세상은 하나님이 한 자녀 한 자녀에게 귀하게 주신 달란트를 불필요하고 하찮게 여기게 하며 세상을 살기 위해 필요하다며 획일적이며 일률적인 능력만을 요구합니다. 그래야 1등을 한다 합니다. 우리도 우리의 자녀도 그렇게 세상이 요구하는 천편일률적인 모습으로 살아가고 있습니다. 그러다 보니 하나님이 주신 귀한 달란트는 개발될 리 없습니다. 그렇게 자신의 달란트로 하나님이 하실 일을 모르기에 소망하지 못하고 살아갑니다. (이 이야기는 다음 책 자녀 이야기에서 자세히 다루기로 하고 이어서 당신의 달란트에 대해 좀 더 이야기하겠습니다.)

우리의 달란트 매력에는 양면이 있습니다. 예를 들어 남을 긍휼히 여기며 섬김이 깊은 영혼은 사랑을 느끼게 하는 장점이 있습니다. 그런데 반면에 다른 사람들에게도 그만큼을 바라게 됩니다. 그래야 사랑하는 것이고 사랑받는다 생각하기 때문입니다. 직관적이고 냉철한 영혼은 추진력 있게 성취를 해나가는 달란트가 있지만 반면에 감정을 배제시키며 불필요하다 생각하기에 사랑이 느껴지지 않습니다. 지도자의 달란트가 있는 영혼은 자신의 사람들을 반드시 보호하며 공동체를 발전시키지만 반면에 독단적으로 느껴집니다. 평화를 추구하는 영혼은 관계에 있어서 중재의 역할을 잘 감당하지만 반면에 평화적인 관계를 위해 자기를 희생하며 내려놓습니다. 이렇듯 우리의 기질은 매우 다양하며 그 기질에 따라 추구하는 가치와 목표 또한 다릅니다. 아마도 지금까지 지내오며 당신은 당신과 비슷한 사람을 만나며 편안함을 느끼고 서로가 통한다 생각했을 수도 있을 것이고, 또 너무나 다른 사람을 만나 불편해하고 저 사람만 없음 살 것 같단 생각이 들었을 수도 있습니다. 이렇듯 당신이 상대를 당신 기질을 기준으로 판단하고 정의 내렸듯 당신 또한 상대에게 그렇게 판단되고 정의 내려질 수 있다는 사실을 알게 되었다면 이 사실 또한 알게 될 것입니다. 당신이 어떤 기질의 사람을 만나는가에 따라 당신의 달란트는 칭찬과 독려를 받을 수도 비판을 받을 수도 있다는 것을 말입니다.

우리는 다양한 기질의 사람들을 만나게 되고 살아가게 됩니다. 그렇다 보니 부정적인 피드백은 당신의 달란트를 장점보다 단점으로 느껴지게 했을 것입니다. 그러나 상대적인 기준 때문에 당신의 달란트를 버릴 수는 없습니다. 당신의 달란트를 진정한 달란트가 되도록 버려야 할 부분과 변화 시켜야 할 부분을 위해 기꺼이 노력한다면 누가 보기에도 당신의 달란트는 달란트가 되는 것입니다. 맘껏 섬기고 베풀되 바라지 말고, 추진력 있게 성취하는 과정에 사랑을 담고, 겸손으로 공동체를 섬기는 독단적이지 않은 존경받는 리더가 되고, 자신의 의견 제시를 통해 더욱 평화를 일구는 우리가 된다면 하나님은 우리의 달란트를 세상에서 높이 들어 쓰실 것입니다. 왜냐하면 하나님께 받은 달란트에 성령님을 의지하여 노력하며 가꾼 달란트는 예수님을 닮고 있기 때문입니다.

그렇게 우리는 예수그리스도를 닮아가는 성화의 과정을 통해 더욱 성숙해지는 것입니다.

예수님만을 기대해야 합니다

달란트가 있음에도 그토록 아름다움에도 스스로 자신을 자제하는 데는 여러 이유가 있지만 우리의 자라온 환경과 상처가 큰 몫을 차지합니다. 그 상처를 떠올리며 스스로가 불쌍해 가끔씩 터져 나오는 울분을 정당화합니다. 가족들은 영문을 모른 체 당신의 우울과 울분을 참아내야 합니다. 그런데 이 사실이 간과되고 있음을 아셔야 합니다. 당신의 가끔씩 터져 나오는 과한 표현과 언행이 가족들에게 상처가 되고 있다는 것을요 즉 또 다른 당신이 되어 가고 있다는 것을 말입니다.

당신이 말할 수 없었던 울분의 원인을 가족들과 나누세요. 말할 수 없는 비밀이라면 스스로 끊어내세요. 기도하세요.

'예수님 저를 이 고통에서 건져주세요. 이 생각을 끊어내 주세요. 예수님만이 하실 수 있으세요. 저를 불쌍히 여겨 주세요.'

과거로 돌아가 그 당사자의 사과를 받고 그에 응당한 벌을 내릴 수 없음을 우린 압니다. 설령 그것이 지금도 보고 있는 부모일지라도 말입니다. 부모님께 말씀드렸을 때 진심어린 사과를 받기를 기대하지만 돌아오는 말은 '내가 널 어떻게 키웠는데...'라는 속상해하시는 반응과 함께 정당화하시려는 반응을 보게 된다면 당신은 더 상처를 받을 것입니다. 그리고 당신을 향해 잘못했다 느낄 감정의 여유가 있었다면 아마도 진즉 하셨을 것입니다. 부모님을 향한 기대를 내려놓고 예수님의 사랑을 기대하시기 바랍니다.

그분은 당신을 대신해 십자가를 지셨습니다. 당신을 향한 그 사랑은 누구도 할 수 없는 사랑입니다. 사람에게 기대하지 마시기 바랍니다. 이것은 부정적인 의미로서의 이야기가 아닙니다. 리더에게 기대하고 사역자를 기대하고 부모님을 기대해 보지만 실망이 그 자리를 채우는 것을 우리는 경험합니다. 이는 당연합니다. 이것은 팩트입니다. 우린 서로 죄인이고 언제나 죄를 짓고 너무나 부족하고 연약한 존재임을 알고 살아가야 한다는 것입니다. 나보다 지휘가 높아서, 유명해서, 권력과 힘이 있어서, 부가 있어서, 존경스러워서 기대하고 의존하려 한다면 당신의 힘으로 삶을 살아가기 힘듭니다. 당신에게 주어진 귀한 시간과 열정을 다른 사람을 위해 그에 맞춰 살아가게 된다는 것입니다. 당신이 기대고 의지할 분은 예수 그리스도 한 분이십니다.

지나온 시간 안에서 상처 입은 당신에 대한 생각이 떠오를 때마다 예수님의 사랑을 떠올리시기 바랍니다. 그분 때문에 당신은 구원 받을 수 있고 그분 때문에 천국의 시민권자가 될 수 있는 것입니다. 세상에서 나보다 더 좋은 것 더 귀한 것을 누리는 사람들을 부러워하며 어떻게 하면 그들처럼 살까 배우고 애쓰는 시간이 언젠가 부질없음을 알게 될 것입니다. 그들처럼 되기 위한 몸부림 속에서 나의 개성과 달란트는 빛을 잃고 행복하지 않은 삶을 사는 자신을 보게 될 것입니다. 많은 것을 가지고 누린 그들의 삶이 부러울 수는 있지만 아무리 최고를 누린다 해도 천국과는 비교가 되지 않습니다. 당신은 천국, 하나님 곁을 사모해야 합니다. 세상과 사람들에 대한 기대와 열심을 내려놓았을 때 전보다 여유롭고 평안한 당신을 발견하게 될 것입니다. 당신이 여유로우면 가족들도 여유롭습니다.

제가 자녀들에게 바라며 하는 말이 있습니다. 만약 당신이 어릴 적 부모에게 이 말을 들었다면 지금의 당신은 어떨지 생각해 보시기 바랍니다.

"얘들아 사람은 하루에 세끼를 먹는단다. 너희가 돈 많이 버는 직업을 택해서 더 비싼 음식을 먹을 수는 있겠지만 하루 세끼 먹는 것은 똑같단다. 그런데 돈을 많이 벌기 위해 너희는 그만큼의 시간과 열정을 더 쏟아야 한단다. 비싼 스테이크를 먹고 바삐 사는 것과 떡볶이를 먹더라도 가족들과 여유로운 저녁식사를 하며 함께 하는 삶 중 너희가 생각하는 행복은 무엇이니?"

우리 크리스천들은 직업도 하나님나라를 향해야 합니다. 부와 권력이 목적이 아니라 영혼들을 살리고 섬기기 위해 필요성을 느낀 사명자로서 잘할 수 있는 일로서 직업을 선택해야 한다는 것입니다.

우리 삶의 대부분을 차지하는 일터에서의 힘듦이 배우자와 자녀들에게 매우 큰 영향을 끼치고 있다는 사실을 유념하시기 바랍니다. 그 스트레스와 압박에서 자유하지 못하고 가족들에게 영향을 끼치고 있다면 당신의 권면은 상대에게 들리지 않을 것입니다. 당신의 일과 삶을 하나님과 이야기해 보시기 바랍니다. 이 길이 맞는지, 이 안에서 평안을 누릴 수는 없는지 그리고 일터와 가정을 분리하시기 바랍니다. 퇴근 후 집으로 올 때 일을 향한 생각과 스트레스도 벗고 들어오시기 바랍니다. 가족들과 있는 단 몇 시간 그 시간에 당신이 일에 신경을 집중한다 하여 내일의 출근이 기뻐지지는 않기 때문입니다.

불편하지 않은 권면을 할 수 있어야 합니다

이제 권면을 시작하는 당신은 이 사실을 알고 있어야 합니다. 당신의 권면은 언제든 거절 받을 수 있다는 것입니다. 거절받는 것을 매우 어려워하는 기질이 있습니다. 거절 받음이 자신의 존재를 부정하는 듯한 느낌에 힘들어하곤 합니다. 또는 너무 냉철한 나머지 권면을 했을 때 거절을 받으면 다시는 권면을 하지 않는 사람도 있습니다.

그러나 당신은 상대방에게 어떠한 사실을 권한 것이지 당신을 권한 것이 아닙니다. 그 사실을 지혜로 받아들이는 영혼이 있고 들리지 않기에 성의 없이 대답하는 영혼도 있고 거부하는 영혼도 있을 것입니다. 당신이 상대방에 대한 사랑의 맘으로 한 권면이 맞다면 그 반응은 아무런 문제가 되지 않습니다. 당신은 통로가 되어 전할 뿐 그 일을 하시는 분은 하나님이시기 때문입니다. 듣는 순간 영혼이 받아들이게 될 때도 있고 반응이 없었지만 씨앗이 되어 심기어 후에 당신이 한 그 말이 떠오를 수도 있기 때문입니다. 그것도 하나님이 하시는 것입니다. 거절을 힘들어한다면 우리는 에제르로서의 몫도 복음을 전하는 사명자로서의 몫도 감당하기 어려워집니다. 그러니 늘 거절을 예상하시기 바랍니다. 그리고 당신의 권면이 거절당한 이유는 당신의 권면이 좋지 않아서만이 아님을 아셔야 합니다. 아니 좋다 느껴지는 권면일 수도 있지만 상대는 당신의 권면을 거절했고 이에는 이유가 있습니다. 당신의 권면을 거절하는 영혼을 이해하기 위해 당신을 예로 들어볼 수 있습니다.

당신이 권면 받았을 때를 떠올려 보시기 바랍니다. 권면자가 아무리 예의를 갖추고 조심한다 해도 권면을 받는다는 것은 불편합니다. 왜냐하면 권면의 시작은 상대에 대한 부정적인 시각에서 출발하기 때문입니다. 물론 사랑하는 마음에 잘 됐음 하는 마음으로 권면을 하지만 부족한 부분. 잘못된 부분이 있다 생각하며 얘기하는 것이고 때론 듣는 이들에게 지적당하거나 부족하게 보였거나 오해를 당하고 있다는 느낌을 주기 때문입니다. 남에게 듣는 것도 맘이 불편하고 힘든데 하물며 가족에게 듣는다면 어떤 생각이 들겠습니까?

'나에 대한 신뢰가 없구나',
'날 그런 사람으로 본 거야?'
'내가 그렇게 부족해 보이는구나'

자존심은 말할 것도 없고 자존감이 무너지기도 합니다.

하나님께서 우리 가정의 가장으로 주신 남편에게는 더욱 영향을 미칠 것입니다. 그 당시 남편의 정서와 감정의 상태, 회사와 생업의 성과도, 그리고 인품 등의 변수를 넣어 볼 때 당신의 권면이 매우 훌륭하고 탁월했음에도 거절을 당했다면 권면의 내용이 바뀌어야 하는 게 아니라 권면의 태도와 방법이 달라져야 합니다.

당신이 남편을 위해 애써 구운 케이크를 케이크와 포크만 달랑 식탁에 올려놓는 것과 그 케이크가 더욱 먹음직스럽고 예쁘고 가치 있어 보이도록 테이블 또한 아름답게 세팅하는 차이를 말하는 것입니다.

당신은 권면의 방식을
선택할 수 있습니다

우리는 이런 말을 들어 본 적이 있을 것입니다.

'말로 사람을 살릴 수도 죽일 수도 있다.'

너무나 공감이 되지 않습니까? 사랑이신 예수님의 말씀을
전함에 있어서 담대히 전해야 한다며 강하게 전하는 권면에
우리는 거부감을 느낀 경험을 해보았을 것입니다. 하나님의
말씀은 담대히 전해야 하는 것은 맞지만 전하는 통로로서의
권면자의 자세가 강해야 하는 것은 아닙니다. 그 자세는 말
하는 이의 인품일 뿐입니다.

하나님의 말씀을 전하는 통로로서 우리는 전달방식 또한 선택할 수 있습니다. 예수님의 성품을 따른 방식인지 어둠이 건네주는 방식인지.... 하나님이 주신 지혜와 말씀을 전하는데 가르치듯이 혼내듯이 한다면 그 권면을 자신을 혼내는 것으로 오해할 소지가 매우 높습니다. 그리고 우리가 또 한가지 명심해야 할 것은 하나님의 말씀이 선포될 때 그 말씀 앞에서 권면자인 나도 언제든 또다시 넘어질 수 있는 것을 알기에 겸손히 전하게 된다는 것입니다. 그리고 권면자의 자세에는 그들을 사랑하시는 예수님의 사랑이 담겨 있어야 합니다. 어투와 표정 제스처에는 상대에 대한 존중과 사랑을 담고 있어야 합니다. 말씀이 하나님인 것이지 내가 하나님은 아니기 때문입니다.

하나님의 말씀을 전할 때 나의 다듬어지지 않은 육의 본성과 기질로 전하는 것은 하나님의 말씀을 거부하게 만들 수도 있다는 것을 명심하셔야 합니다. 상대방이, 당신이 사랑하는 남편과 영혼들이 하나님의 말씀을 듣길 바란다면 통로로서 당신도 그분의 성품을 닮으려 애써야 한다는 것입니다.

그 자세를 일상에서 매일 훈련이라 생각하고 연습하셔야 합니다. 영어를 원어민 처럼 하기 위해 얼마나 애쓰고 누구처럼 되기 위해 애써본 경험이 있지 않나요? 하물며 하나님

의 자녀로서 하나님의 형상으로 지음 받았으면서 하나님의
성품을 소망한 다는 것은 당연할 것입니다.

크게 부릅뜨던 눈에는 힘을 빼고, 목소리 볼륨은 낮추고,
어감을 부드럽게 하려 애쓰고, 천천히 차분히 말하는 습관
을 매일 대화할 때마다 상기시켜 노력하시기 바랍니다. 어
느새 당신의 얼굴엔 빛이 나고 당신은 찡그림보다 미소를
더 지게 되며 대화할 때 상대가 당신을 편안히 바라보는 것
을 느끼게 될 것입니다. 나를 변화시켜 주시기를, 예수님을
하루하루 더욱 닮아 가길 소망하며 기도하지만 우리가 할
최소한의 노력은 해야 합니다. 매일매일 훈련을 통해 화장
기 없는 당신의 얼굴 빛을 보고 누군가 이렇게 이야기할 날
이 올 것입니다.

'맨얼굴인데 빛이 나네요. 오늘 님 예뻐 보여요.'

권면자로서 낙담은 믿음이 아닙니다

하나님이 주신 마음으로 권면할 때 우리가 넘어서야 할 것이 있습니다. 바로 낙담하지 않는 것입니다. 기도하고 상대의 힘든 상황 또는 문제 앞에서 자신의 시간과 열정을 쏟아 기꺼이 섬기며 권면하며 그가 달라지길 기대합니다. 그런데 달라지는 것 같지 않습니다. 다음 주는 달라졌으려나? 그 다음 주엔 결심했으려나? 그렇게 섬기고 애를 썼는데 변화가 보이지 않습니다. 지치고 낙담하고 때론 화도 납니다. 아니 왠지 하나님께 받은 임무를 성공시키지 못한 것 같은 맘에 낙담이 됩니다. 조바심이 나고 심할 경우 자괴감에 빠지기도 합니다. 그 맘 내려놓으시기 바랍니다. 왜냐하면 그날 그 시각까지 그 영혼의 믿음의 깊이 또한 하나님의 주권 안에 있기 때문입니다. 하나님께서 선택을 예정하신 자녀라면 하나님이 이끄십니다.

잠잠히 하나님이 일하시길 기대하며 기다리시기 바랍니다. 그 영혼에 대해 당신은 하나님 보다 더 잘 알 수 없습니다. 내 배우자이기에, 내 자녀이기에, 내 부모이기에, 나와 많은 교제를 하는 영혼이기에 내가 가장 잘 안다, 또는 더 잘 안다라는 말은 하나님 앞에선 인정받을 수 없습니다. 왜냐하면 그 영혼을 창조하신 이도 하나님이시요, 그 영혼을 매일 매 순간 지켜 보시는 이도 하나님이시요, 모든 것을 내어 줄 정도로 사랑하시는 이도 하나님이시기 때문입니다. 하나님은 지금도 그 영혼을 위해 일하고 계십니다. 조급함과 낙담의 마음으로 앞서 나가지 마시기 바랍니다. 하나님의 일하심을 방해하는 훼방꾼이 될 수도 있습니다.

권면의 때에 하셔야 합니다

에제르로서 많은 것을 버리고 비우고 채우며 변화된 당신에게 가장 어려운 것이 남아 있습니다. 바로 권면의 때를 분별하는 것입니다. 권면하고자 하는 내용은 당연히 좋을 것입니다. 하나님의 말씀이며, 상대를 채우고 도울 수 있는 것이기 때문입니다. 그렇기에 한시가 급하게 전해야 할 것 같습니다. 오늘 남편이 퇴근해 오자마자 말해야겠다고 결심합니다. 그런데 실패합니다. 또다시 낙담합니다. 여기서 당신은 조바심과 싸워 이겨야 합니다. 조바심을 버린 손으로 하나님의 손을 잡으셔야 합니다. 하나님이 이 세상만물의 창조주이시고 통치자이시고 주권자이심을 그리고 그 영혼을 그토록 사랑하시는 것을 믿는 믿음을 붙드셔야 합니다. 오늘이 아니어도 큰일은 일어나지 않음을 깨달으셔야 합니다. 조바심은 어둠이 주는 것입니다. 나의 조바심은 하나님의 일하심을 방해하는 것입니다. 하나님이 사랑하시는 자녀를 위해 하나님의 계획으로 하나님이 일하고 계심을 믿고 기도하며 기다려야 합니다.

그리고 권면의 때는 따로 있습니다. 바로 하나님의 때가 권면의 때입니다. 그렇다면 하나님의 때는 언제인가 말입니다. 어려워 보일 수도 있지만 쉽습니다. 당신이 그 영혼을 위해 기도하고 기다리고 있다면 하나님이 당신이 권면해야 할 때를 알려주시기를 또한 기도하고 있다면 그때를 알게 됩니다. 바로 상대가 먼저 이야기를 꺼내 올 때입니다. 상대가 바로 당신을 찾아 질문할 때입니다. 그때가 하나님의 때이며 그때 당신은 기도하며 성령님께 그 자리를 내어 드려야 합니다.

'성령님 제가 무슨 말을 할 수 있겠습니까? 성령님이 대언해 주시고 일해주세요.'

간절함을 가지고 당신을 찾아온 영혼(그게 남편 일수도 다른 영혼 일수도)은 달라진 당신을, 자신에게 권면을 해도 되는 사람으로 인정을 했기에 자신의 고민을 가지고 왔을 것입니다.

그때 잊지 마시고 예수님의 미소, 성품, 사랑을 떠올리시며 내 안에 계시는 성령님을 의지하며 대화에 임하시기 바랍니다. 그때 하나님이 역사하십니다!

한 호흡 내려놓고
이야기 하시기 바랍니다

부부로 살아가며 권면 외에 불편한 감정을 이야기해야 할 때가 있습니다. 각각의 기질에 따라 상대의 말투와 행동에서 속이 상함을 표현하는 방법도 제각각입니다. 반드시 짚고 넘어가 사과를 받아야 하는 사람이 있고 너무 화가 나면 말하기 싫어 피하는 사람도 있습니다. 그런데 그 문제가 살며 반복이 되는 문제이고 상대에겐 아니지만 내겐 상대에 대한 신뢰와 사랑과 존경에 영향을 줄 수 있는 사안이라면 대화를 하셔야 합니다. 내가 일방적으로 참거나 상대가 일방적으로 나에게 맞추길 강요해서는 안 됩니다.

대화에 앞서 지금까지 말씀드린 대로 상대를 존중하며 대화에 임하셔야 합니다. 여기서 우린 나와 남편이 어둠의 영에 사로잡히는지 유심히 봐야 합니다. 즉 나는 남편과 대화하지만 나의 영은 어둠의 지략에 넘어가지 않도록 분별해야 하고 남편을 어둠의 영이 미혹하지 못하도록 기도하며 지혜롭게 대화하셔야 합니다.

대화 시작 전 기도하며 늘 한 호흡 내려놓으시기 바랍니다. 나의 말을 시작할 때, 상대의 말을 들으며 바로 답을 하고 싶을 때 깊이 숨을 들이마시고 한 호흡 한 뒤 힘을 빼고 최대한 사실만 가지고 말씀하시기 바랍니다. 상상, 정확하지 않은 판단, 비난은 어둠이 주는 것임을 또한 명심하시기 바랍니다.

남편의 어투와 단어 선택에 감정을 쏟으며 흔들리지 마시기 바랍니다. 어둠의 영이 떠나가길 마음속으로 선포하며 차분이 팩트만 가지고 대화해 나가시기 바랍니다.

상대방의 이야기를 끝까지 들으시며 조용히 메모하셔도 좋습니다. 말만 안 할 뿐 표정으로 받아치고 계시다면 그것 또한 불편함을 표현하는 것입니다.

'그래요 여보 당신의 이야기를 잘 들었어요. 이제 제 이야기를 들어주세요.'

'당신의 그 선택이 나를 힘들게 만들려는 의도가 없음을 이해했어요. 그런데 전 그게 힘들어요. 선택에 있어서 당신의 아내로서 우리 가족의 구성원 중 한 명으로서 내게도 결정권이 있으니 이제 저의 의견을 이야기할게요. 전 이번 모임을 하지 못해요.'

대화 중 우리는 그 사실 때문도 힘들지만 서로를 향한 비난과 언행 때문에 상처받고 그것이 더 큰 문젯거리가 되는 것을 보게 됩니다. 에제르로서 당신은 객관적으로 평정심을 유지하며 대화를 이끌어 나가야 합니다. 바로 팩트만 가지고 이야기하면 됩니다. 그리고 사과가 아닌 결단을 이끌어내시기 바랍니다.

곰곰이 생각해 보시기 바랍니다. 당신은 이 같은 일이 다음에 일어나는 것이 힘든 것입니다. 사과를 받아 낸다고 하여 다음번에 안 그런단 보장은 없습니다. 사과를 받으려 애쓰지 마시기 바랍니다. 자존심이 강한 성향일수록 사과를 밀어붙이면 거부감을 행사하고 어느새 그 문제는 '사과를 해라 VS 싫다'라는 논쟁으로 바뀌게 됩니다. 그렇게 사과이야기 하며 본래의 논점은 흐려지고 서로를 향한 감정싸움이 되어 해결 없이 끝나게 됩니다. 그렇게 반복이 되고 부부사이에 되돌아가는 패턴이 되고 마는 것입니다. 되돌아가는 패턴에 '이제 더 이상 못 참겠어!'라며 결정을 하기 전에 지금까지의 당신의 방법이 아닌 다른 방법으로 좀 더 노력해 보시기 바랍니다. 어둠의 방해가 많을수록 하나님나라에 귀히 쓰일 가정일 수 있습니다. 상대편에서 누구를 무너뜨리려 하겠습니까? 에이스, 잠재력이 많은 선수일 것입니다. 즉 당신은 남편과의 싸움에 앞서 영적으로 어둠과 맞서 싸우고 있음을 기억하셔야 합니다. 늘 선포하시는 연습 또한 하시기 바랍니다.

"나사렛 예수그리스도의 이름으로 명하노니 어둠의 영들은 떠나갈지어다!"

당신은 '꽃'같이 아름답습니다

혹시 천국을 묵상해 보신 적이 있으신가요? 천국을 가득 채운 아름다운 색채를 상상해 보신 적이 있으신가요? 하늘을 바라보고 길가의 꽃을 보며 그 아름다움을 느끼며 살고 계신가요? 아마도 그만한 시간적, 정서적 여유가 없는 바쁜 삶을 살고 계실 것입니다. 한번 맘을 먹고 하나님이 계시는 천국의 아름다움을 상상해 보시기 바랍니다. 오늘 밖을 나서며 매일매일 모습이 바뀌는 구름이 오늘은 무엇을 닮았는지, 오늘 나를 반기는 꽃의 드레스코드는 무엇인지 한번 유심히 바라보시기 바랍니다. 하나님이 세상을 얼마나 아름답게 창조하셨는지 느껴보시기 바랍니다. 풀과 꽃, 하늘과 바다, 나무

와 흙 서로의 색채가 어우러져 얼마나 아름다운 작품이 되는
지 당신도 살며 그 아름다움을 감탄하던 때가 있었음을 기억
해 내실 것입니다.

당신도 아름다운 꽃과 같습니다.

그리고 하나님의 아름다운 작품이기도 합니다. 나 자신의
아름다움을 느끼고 그 아름다움을 표현하기 위해 내게 맞는
색조를 찾고 예쁜 옷을 골라 입던 그때를 떠올려보시기 바랍
니다. 당신의 아름다움을 위해 노력하며 사랑하는 사람을 만
나러 가던 때를 떠올려 보시기 바랍니다. 당신은 '오늘 참 아
름답네요.'라는 말을 들었을 때 들었던 기쁨을 지금도 느끼며
살고 계신지요? 아니면 누구의 엄마와 아내로서 살아가며 여
인으로서의 아름다움은 미룬 채 살고 계신가요? 아마도 결혼
후 그 시간들을 더 중요한 일들을 위해 반납하게 되었을 것
입니다. 바쁜 삶과, 일, 출산과 육아 등의 일을 위해 내려놓게
되었을 것입니다. 그 후 사랑하고 사랑받던 남편과의 관계가
시간이 갈수록 점점 더 일적인 파트너십의 딱딱한 관계가 되
었을 수도 있을 것입니다. 남편의 관심과 사랑이 더 이상 느
껴지지 않을 수도 있을 것입니다. 섭섭하고 서글픈 마음이
들 수도 있을 것입니다. 여인으로서 나의 삶은 없는 듯 느껴

질 수도 있겠습니다. 그러나 다시 시작할 수 있습니다. 이 또한 당신의 노력으로 시작될 수 있습니다. 우리는 남편을 바라볼 때 이상적이 아닌 이성적으로 바라봐야 합니다. 감지 않은 머리 축 늘어져 구멍이 난 내의를 입고도 당신을 여전히 사랑스럽다 바라보는 남편을 바라셨다면 그것은 현실적이지 않습니다. 서로를 알아가며 단점을 아직 경험하지 않은 때 서로에 대한 배려와 존중이 가득하던 때는 가능했을 것입니다. 그러나 시간이 가고 다름이란 단점이 보이고 의견의 부딪힘으로 때론 적이 되는 현실적인 상황을 경험한 부부 사이에 어떤 모습이든 사랑스럽기는 매우 어렵습니다. 우리에게 남편의 모든 모습이 다 사랑스럽지 않듯이 말입니다.

당신이 전과 같이 아름답고 매력적인 여인이 될 때 당신의 남편은 멋진 연인이 될 것입니다. 남편 또한 바쁘고 의무감 가득한 현실 앞에서 서로를 위해 노력하게 될 것입니다. 그렇게 서로를 사랑하는 연인이 되어 살아갈 때 삶의 활력이 생기고 하루가 더욱 기쁠 것입니다.

하루하루 꽃처럼 아름답게 사시기 바랍니다.

결혼 전 남편과의 만남에 설렘을 안고 아름답게 보이고자 노력했던 그때를 떠올려 보시기 바랍니다. 아이라인을 할지 말지, 이 옷을 입을지, 저 옷을 입을지, 힐이 나을지 부츠가 나을지. 고민도 설레었던 그때를 떠올려 보시기 바랍니다. 당신은 여전히 아름다운 여인이며, 사랑스러운 아내입니다. 그때의 노력을 다시 해보실 생각은 없으신지요? 바쁘고 힘들고 익숙해졌다는 이유로 당신이 내려놓았던 노력을 다시 꺼내 보시기 바랍니다. 왜냐하면 당신과 남편은 천국 가는 그날까지 유일하게 서로를 보듬고 사랑할 연인이기 때문입니다.

시간을 내어 두 분만의 시간을 가지시기 바랍니다. 아이들을 잠시 맡기실 수 있다면 일주일에 두 시간 정도를 들여 데이트를 하시기 바랍니다. 아이들이 아직 어리고, 맡길 곳이 없다면 퇴근 후 아이들을 일찍 재우고 집에서 함께 영화를 보며 여과를 함께 하시기 바랍니다. 물론 하루 절반 이상을 보내는 직장과 집안일과 아이들 육아와 양육을 위한 시간을 빼면 시간이 없는 듯 보일 테지만 부부의 하나 됨에 있어 그 시간을 확보하는 것이 소망이 된 당신이라면 그 시간을 만들 수 있습니다.

다른 시간과 스케줄을 조절하시면 가능합니다. 우리의 육은 한계가 있으며 체력 또한 제각각이며 한계가 있습니다.

두 분이 하나 되길 기도하며 노력하고 있고 그렇기에 함께하는 시간을 원하고 바란다면 다른 어떤 모임보다 두 분만의 데이트, 시간을 위해 다른 스케줄을 조정하시기 바랍니다. 책의 서두에서도 말씀드렸듯이 불필요한 모임에 나가지 않고 삶을 단순화하는 작업을 하고 계시다면 이번엔 그 어떤 일과 모임보다 두 분만의 시간을 가장 소중한 시간으로 선택하시기 바랍니다.

연애 때 그 어떤 일보다 두 분이 함께하는 것이 가장 소중했듯이 그 시간을 위해 서로 최선을 다하시기 바랍니다.

먼저 아이들을 일찍 재우기 위해 노력하시기 바랍니다. 한 분은 아이들을 씻기고 옷을 갈아입혀 재우고 한분은 저녁 먹은 설거지와 남은 집안일을 하며 집안을 정돈합니다. 그렇게 서로의 노력으로 함께 그 시간을 확보한 후 함께 볼 영화나 드라마를 고릅니다. 이 부분에 있어서도 서로 다른 장르를 좋아할 수 있기에 번갈아 가며 봅니다. 처음엔 일주일에 하루 이틀을 목표로 했는데 함께하는 즐거움에 매일매일을 더욱더 함께 하고 싶어질 것입니다.

부부가 되고 부모가 되며 그 시간에서 서로가 하나 되기 위한 시간을 확보하지 못한다면 그대로 고착되어 의무와 책임을 위한 관계만이 되기 쉽습니다. 거기에 각자의 취미와 모임을 더 중요하게 생각하며 스스로의 삶에만 집중한다면 외롭고 쓸쓸한 부부생활을 하게 될 것입니다. 그러나 당신의 노력으로 당신과 남편은 다시 연인이 될 수 있습니다. 모든 면에서 함께하고 싶은 진정으로 하나 되는 부부가 될 것입니다. 당신의 노력으로 참으로 많은 것을 이룰 수 있습니다. 당신은 그렇게 아름답고 현숙한 에제르로서 당신의 가정과 나아가 하나님나라에 큰 역할을 하게 될 것입니다.

멋진 여성! 멋진 아내! 멋진 엄마가 되시기 바랍니다.

제게 이 책을 쓰게 하시고 지금 당신에게 이 글을 읽게 하신 것도 하나님의 뜻이며 계획일 수 있습니다. 바로 이 글을 읽게 하신 것이 하나님이 당신을 부르시는 메시지일 수 있는 것입니다.

준비하세요.
당신은 하나님나라의 특수요원
Special agent 'Ezer(에제르)' 입니다!

당신은 하나님나라의 특수요원
Special agent 'Ezer(에제르)' 입니다!

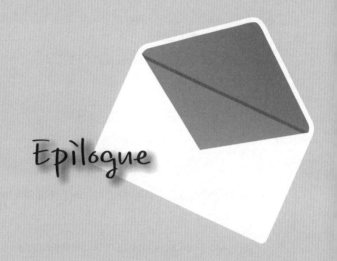

Epilogue

다음은 잠언에 나오는

현숙한 아내에 대한 말씀입니다.

"

- 누가 현숙한 아내를 얻겠는가? 그녀는 비싼 진주에 비길 수 없이 귀하다.
- 그녀의 남편은 아내를 신뢰하여 아무런 부족함이 없을 것이다.
- 그녀는 평생 남편을 잘 되게 하고 결코 해를 끼치지 않는다.
- 그녀는 양털과 삼을 구하여 손을 부지런히 놀려 일하고 상선처럼 멀리서 양식을 구해 온다.
- 그녀는 이른 새벽에 일어나 가족의 밥상을 차려 주고 여종들에게 일감을 할당해 준다.
- 그녀는 밭을 잘 골라 사고, 손수 포도원을 가꾼다.
- 힘있게 허리띠를 묶고, 자기 할 일을 당차게 처리한다.
- 자기의 일이 유익한 것을 알고, 저녁에도 등불을 끄지 않는다.
- 손을 놀려 물레질을 하고, 베를 짜며, 팔을 벌려 가난한 자들을 돌보고 궁핍한 자에게 후히 베푼다.
- 온 식구는 눈이 와도 겁내지 않는다. 왜냐하면 가족 모두 따뜻한 옷을 입었기 때문이다.

- 그녀는 침대를 위한 이불을 만들고, 세마포와 자색옷을 입는다.

- 그녀의 남편은 유명 인사가 되고, 고위 관리들과 함께 앉는다.

- 삼베옷을 만들어 팔고, 띠를 만들어 상인들에게 판다.

- 그녀는 힘있고 기품이 있다. 그녀는 미래를 계획하며 웃는다.

- 입을 열어 지혜를 가르치니, 그녀의 혀에는 진실한 가르침이 있다.

- 집안일을 자상히 보살피고, 태만하게 밥을 먹는 일이 없다.

- 그녀의 아들들은 그녀를 축복하고 남편 역시 그녀를 칭찬한다. "뛰어난 여자들이 많지만 당신이 최고요."

- 매력도 헛되고, 아름다움도 허무하나, 여호와를 경외하는 자는 칭송을 받을 것이다.

- 그녀가 행한 일이 보상을 받고, 모든 사람들이 그녀를 칭송할 것이다.

_잠언 31:10-31

”

읽어 내려가며 불가능하다 느껴지시나요?

소망을 갖게 되시나요?

'그녀가 행한 일이 보상을 받고, 모든 사람들이 그녀를 칭송할 것이다.'

이것이 우리의 공통된 소망이지 않나요? 남편과 만나는 모든 사람들에게 이런 피드백을 받는 사람이고 싶지 않나요? 당신은 이런 말을 들을 수 있습니다. 가능합니다. 왜냐하면 당신은 하나님이 그토록 사랑하는 그분의 존귀한 딸이기 때문입니다. 하나님이 일하신다면 당신은 세상에서 칭송받으며 삶에서 하나님을 증거 하게 될 것입니다.

나의 동역자여~ 함께 기도하며 하나님 나라의 아름다운 가정, 부부가 되도록 애써봅시다!

우리는 하나님의 선택받은 귀한 일꾼으로서 여러 사명을 받았습니다. 그중 에제르의 사명을 소중히 여기시기 바랍니다. 왜냐하면 우리 부부가 우리 가정이 복음을 전함에 있어서 본이 되지 못한다면 다른 영혼의 심령에 전해지기 어렵기 때문입니다. 예수님의 사랑을 잘 담아 전할 수 있는 아름다운 그릇이 되시기 바랍니다. 그런 당신을 위해 기도하겠습니다.

끝까지 인내하며 읽어 준 나의 동역자여 감사하며 사랑합니다.

하나님 홀로 영광 받으소서!